TIMO DAUM, geboren 1967, arbeitet als Hochschullehrer in den Bereichen Online, Medien und Digitale Ökonomie. Er ist studierter Physiker und verfügt über zwei Jahrzehnte Berufserfahrung in der IT-Branche. Er veranstaltet Seminare und hält Vorträge zur Thematik des digitalen Kapitalismus.

Sein Buch *Das Kapital sind wir. Zur Kritik der digitalen Ökonomie* (Edition Nautilus 2017) wurde mit dem Preis »Das politische Buch 2018« der Friedrich-Ebert-Stiftung ausgezeichnet. Timo Daum lebt in Berlin.

TIMO DAUM

DIE KÜNSTLICHE INTELLIGENZ DES KAPITALS

EDITION NAUTILUS

Edition Nautilus GmbH
Schützenstraße 49 a · D - 22761 Hamburg
www.edition-nautilus.de

Originalveröffentlichung · Erstausgabe März 2019
Illustrationen im Innenteil: Susann Massute
Autorenporträt Seite 2: Fabian Grimm
Umschlaggestaltung: Maja Bechert, Hamburg
www.majabechert.de
Druck und Bindung:
CPI – Clausen & Bosse, Leck
1. Auflage
ISBN 978-3-96054-190-5

Inhalt

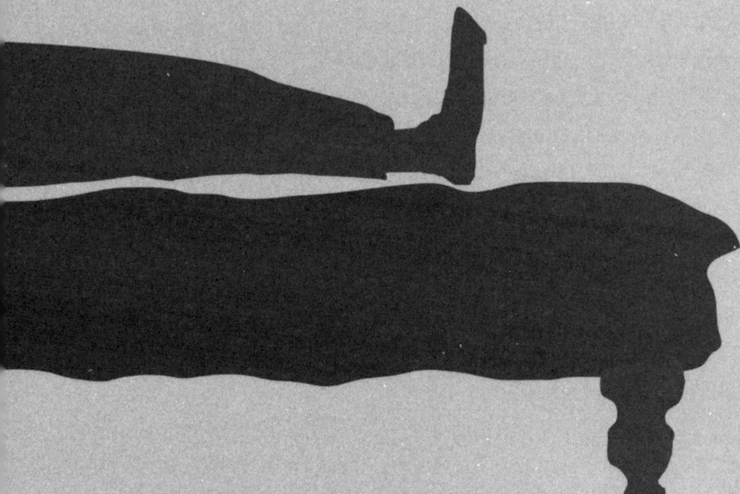

Einleitung

Vor Kurzem fragte ich eine künstliche Intelligenz: »Excuse me, are you real?« Die Antwort kam wie aus der Pistole geschossen: »Would you prefer I were not?« Ich war beeindruckt. Was für eine witzige, von Selbstbewusstsein zeugende, geradezu selbstironische, vielleicht einen Hauch blasierte – mit einem Wort: intelligente – Antwort! Stellte ich diese Frage Menschen aus Fleisch und Blut, dürfte ich wohl mit einfältigeren Antworten rechnen. Sind sie also doch schon da, schlaue und sympathische digitale Wesen?

Gestellt habe ich die Frage allerdings nicht einer der aktuell avanciertesten KI-Anwendungen wie Watson von IBM, Siri von Apple, Alexa von Amazon oder gar einem geheimen Prototypen aus einem Militärlabor. Die schlagfertige Antwort erhielt ich von einem ziemlich alten Programm, das der deutsch-amerikanische Informatiker und KI-Pionier Joseph Weizenbaum bereits Mitte der 1960er Jahre geschrieben und nach Eliza Doolittle aus dem Musical *My Fair Lady* benannt hatte. Das Funktionsprinzip des ersten Chatbots der Geschichte ist eher ernüchternd: Ein Algorithmus analysiert die Fragen nach Schlüsselwörtern und Satzbau und sucht daraufhin aus einer Liste an vorgegebenen Antworten diejenige aus, die passend erscheint.

An diesem Prinzip hat sich bis heute nicht viel geändert, auch 50 Jahre später basieren Chatbots, also textbasierte Dialogsysteme, mit denen schriftliche oder Sprach-Kommunikation möglich ist, auf demselben Prinzip. Der Pool an Antworten wird dabei durch frühere Gespräche erweitert, sie lernen also dazu. Meine Reaktion auf die Antwort des frühen Chatbots zeigt zudem ein verbreitetes Phänomen: Wir neigen dazu, emotional und animistisch zu reagieren, also Gefühle zu entwickeln und unseren unbelebten Gegenübern Leben einzuhauchen, die deren Kaltblütigkeit nicht gerecht werden.

Seit der Antike existiert die Vorstellung, dem Menschen ein künstliches Ebenbild zu schaffen. Heute dominieren Hollywood und die populäre Kultur unsere Vorstellungen von Robotern, Androiden, Cyborgs und künstlichen Intelligenzen. In Metropolis, Terminator oder Ex Machina, um nur drei herausragende Filme zu nennen, kommt es am Ende zum Showdown – Mensch gegen Maschine. In der Anfangszeit der Künstlichen Intelligenz waren die Hoffnungen noch groß: Die vom berühmten Alan Turing 1950 höchstpersönlich gestellte Frage – »Können Maschinen denken?« – schien in wenigen Jahren lösbar. So einfach war es dann aber doch nicht, im sogenannten KI-Winter wurde es lange Zeit sehr ruhig um die Disziplin.

Der Frühling der KI

Gegenüber der in der Popkultur dominierenden futuristischen Variante geht es derzeit vorrangig um die »schwache KI«, also letztlich um den Versuch, Software und Hardware zu entwickeln, die in eng begrenzten Situationen spezifische Aufgaben einigermaßen klug bewältigen kann, für die sie vorher ausgiebig trainiert worden ist. Derzeit sind Technologien der Künstlichen Intelligenz *en vogue*, die von dem populären Verständnis von KI, also der Erschaffung künstlicher intelligenter Automaten, denkbar weit entfernt sind. Bei KI in ihrer derzeitigen Form haben wir es mit Software zu tun, die mit vielen Daten trainiert wird, um in eng begrenzten Anwendungsbereichen zu reüssieren.

»Starker KI« hingegen liegt die These zu Grunde, menschliche Denkfähigkeiten – Bewusstsein, Empathie, Moral – seien nicht an eine bestimmte biologische Materialität gebunden, sondern könnten auch mit entsprechend leistungsfähigen Computern nachgebaut werden. Insbesondere im Silicon Valley existiert zwar durchaus die Vorstellung, künstliche und natürliche Intelligenzen würden demnächst miteinander verschmelzen – so weit sind wir aber definitiv nicht.

Heute ist Künstliche Intelligenz wieder in aller Munde – ob es um Bilderkennung, die Vorauswahl von Bewerberinnen und Bewerbern, autonom fahrende Autos oder das sogenannte Social Scoring (Bonitätsprüfung mittels Daten aus Sozialen Netzwerken) geht. Alle großen Internetkonzerne arbeiten fieberhaft an Sprachassistenten, die das *next big thing* des Digitalen Kapitalismus zu werden versprechen. Hier werden jedoch deutlich kleinere Brötchen gebacken: Von denkfähigen Robotern, die mit uns Menschen gleichziehen, ist nicht mehr die Rede. Worauf ist der derzeitige Boom der Disziplin aber gegründet, wenn von einer allgemeinen Künstlichen Intelligenz weit und breit nichts zu sehen ist, ja noch nicht einmal entscheidende Durchbrüche in Unterdisziplinen zu vermelden sind? Relativ alte Techniken rund um maschinelles Lernen, einer Teildisziplin der KI, sind dabei, in Form von Anwendungen (Apps) den Massenmarkt zu erobern.

Wenn heute von Künstlicher Intelligenz die Rede ist, dann in den allermeisten Fällen von einem Teilbereich, der sich mit »maschinelles Lernen« überschreiben lässt – dem Oberbegriff für Verfahren, die es Maschinen ermöglichen, Wissen aus Erfahrung zu generieren, sprich: zu lernen. Im Gegensatz zur klassischen KI, die versucht, denkende Maschinen zu bauen, geht es hier um deutlich profanere Dinge: um Software, die Personen oder Gegenstände auf Bildern erkennen kann, menschliche Sprache analysieren und adäquat darauf reagieren kann und dergleichen.

ImageNet Challenge, ein seit 2010 jährlich stattfindender Wettbewerb, bei dem es um die computergestützte Identifizierung von Objekten in digitalen Bildern geht, kann als Gradmesser für die Fortschritte auf dem Gebiet der Bilderkennung gelten. Hochkarätige Teams wetteifern darum, welche Algorithmen dabei die niedrigste Fehlerquote erzielen. Im Jahr 2012 konnte das Gewinnerteam dank des Einsatzes von maschinellem Lernen die Fehlerquote von bis dato üblichen 30 Prozent auf unter 15 Prozent drücken. Daraufhin übernahmen sämtliche Teams diesen Ansatz; seit 2017 schaffen es die allermeisten, zuverlässig unter fünf Prozent zu bleiben. Eine Fehlerquote im niedrigen einstelligen Prozentbereich kann als Ausnahme oder Ausreißer gewertet werden und ist für Anwendungen durchaus tolerabel. Entscheidend ist jedoch die Tatsache, dass die durchschnittliche Fehlerquote einer menschlichen Vergleichsgruppe ebenfalls bei etwa fünf Prozent liegt. Damit ist die maschinelle Bilderkennung zuverlässig besser als die »manuelle« geworden: Der Anwendung auf dem Massenmarkt steht nichts mehr im Wege.

Digitaler Kapitalismus

Die Renaissance der Künstlichen Intelligenz ist nicht zu trennen von einer Entwicklung, die mit technischen Fortschritten dieser Disziplin zunächst wenig zu tun hat: dem Siegeszug des Digitalen Kapitalismus. Die führenden Digitalkonzerne – Amazon, Alphabet, Apple, Facebook und Microsoft – sind zu den mächtigsten Unternehmen der Welt geworden. Sie haben nicht nur wirtschaftliche, sondern auch beispiellose politische und gesellschaftliche Macht errungen. Ihre Bedeutung für unser Alltagsleben und für die Art und Weise, wie wir kommunizieren, uns informieren und Beziehungen pflegen, kann nicht hoch genug eingeschätzt werden. Sie designen die digitale Welt nach ihrem Gusto und lassen sich dabei von ihren Profitinteressen leiten. Ihre Gesetze, ihre Leitlinien und ihre Ethik sind diejenigen des Kapitals: Was seiner Vermehrung dient, ist legal, korrekt und moralisch, was ihr entgegensteht, wird ignoriert, bekämpft oder schlicht herausgefiltert.

Sie sind allesamt durch und durch digitale Firmen, deren Geschäftsmodelle auf der Extraktion und Verwertung von Daten beruhen. Hauptgeschäft dieser Unternehmen ist die Generierung und Verteilung von Information über digitale Plattformen. Die Plattformen – proprietäre Anwendungen oder Online-Angebote – stellen eine virtuelle Infrastruktur zur Verfügung und vermitteln zwischen Dritten. Sie sind für die Inhalte nicht verantwortlich, beherrschen aber die Form. Ihnen gegenüber stehen die einzelnen Nutzer, die keinerlei Einfluss auf das Gesamtsystem haben. Die Betreiber bestimmen die Regeln.

Fünf Milliarden Menschen benutzen Smartphones und generieren einen nicht enden wollenden Strom an Daten – das Gold des Digitalen Kapitalismus. Auch die Daten, die von Googles Such-Robotern unermüdlich durchforstet werden, haben wir alle selbst erstellt, die Inhalte des World Wide Web sind genauso *user generated content* wie die Beiträge auf Facebook und Twitter. In den umzäunten Gärten der Plattformen geben wir unser Innerstes preis, verbringen das halbe Leben in virtuellen Shopping-Malls und arbeiten so für deren Profit. Ich nenne dies *user generated capitalism*.

Durch den Netzwerkeffekt, also den Mechanismus, nach dem ein Netzwerk umso größeren Nutzen abwirft, je mehr sich daran beteiligen, erzielten die großen Plattformen rasch eine Monopolstellung. Ihre Services – von der Websuche über Soziale Medien und die Orientierung auf der Erdoberfläche bis zur Kanalisierung des Online-Warenverkehrs – sind de facto *public utilities* geworden, also Dienste informationeller Grundversorgung, vergleichbar mit Strom und Wasser, gleichzeitig aber privatwirtschaftlich organisiert und geheimniskrämerisch verwaltet. Die umfassenden Auswirkungen des Digitalen Kapitalismus auf Arbeit, Subjektivität und Gesellschaft lassen erkennen, dass wir es mit einer neuen gesellschaftlichen Betriebsweise zu tun haben.

Mit den Plattformen gelingt es dem Kapital, ein neues Akkumulationsmodell zu etablieren. War der industrielle Kapitalismus gekennzeichnet durch die Extraktion von Rohstoffen und die Ausbeutung lebendiger Arbeit mit dem Ziel, massenhaft Produkte für den Verkauf am Markt herzustellen, verschiebt sich dieser Fokus nunmehr. Die Extraktion von Daten und die Ausbeutung neuer Arbeitsformen, in erster Linie der User der Plattformen selbst, sind ins Zentrum der ökonomischen Aktivität geraten. Die Plattformen machen sich die Schwarmintelligenz des *general intellect* (Marx) zunutze und akkumulieren Reichtum durch die algorithmische Analyse von Daten und die Verwertung des Wissens der Welt.

Warum gerade jetzt?

Aus zwei Gründen haben wir es derzeit mit einer Renaissance der Disziplin zu tun: Erstens funktioniert die KI, um die es heute geht, dank jahrzehntelanger Vorarbeiten und insbesondere Fortschritten in der Rechenleistung mittlerweile technisch sehr gut. Und zweitens gibt es in vielen Bereichen immense Datenmengen, die als Trainingsdaten verwendet werden können. Wo man hinschaut, ist von Daten die Rede, deren Analyse zum zentralen Geschäft des Digitalen Kapitalismus erklärt wird. Das ist auch kein Zufall, denn bei der heutigen KI, die darauf abzielt, mit vielen Daten Algorithmen zu trainieren, stehen die Menge und Qualität der Trainingsdaten im Vordergrund. Wer also über viele Daten verfügt, erlangt einen strategischen Vorteil.

Technologien maschinellen Lernens sind geradezu ideal geeignet, in Datenozeanen Strukturen zu erkennen, Modelle zu entwickeln und daraus wiederum Vorhersagen zu generieren. Daraus resultieren kapitalistisch verwertbare Anwendungsfelder, mit denen viel Geld verdient werden kann – so jedenfalls die Hoffnung der Großen der Branche. Die Analyse mit Big-Data-Methoden und eine umfassende Überwachung gehen Hand in Hand – und bilden gleichzeitig die Voraussetzung für die nächste Stufe des datenextraktiven Kapitalismus. Die auch als technologische Ökosysteme bezeichneten Produktplattformen zeichnen sich durch Kernkomponenten aus, die vom Betreiber definiert und von Anwendungen Dritter ergänzt werden. Durch die Einspeisung dieser Daten in KI-Ökosysteme werden neue Services möglich, die die ökonomische und soziale Macht der Herren der KI noch verstärken.

Im September 2016 gründeten wichtige digitale Unternehmen eine Allianz, um ihre Forschungsprojekte im Bereich Künstliche Intelligenz zu bündeln. Bei der »Partnership on Artificial Intelligence« sind neben Alphabet (über seine Tochterfirma DeepMind) noch Amazon, Facebook, IBM und Microsoft mit von der Partie. Die Großen der KI sind also dieselben Unternehmen, die auch die digitalkapitalistische Plattformökonomie beherrschen. Neben den genannten sind noch Apple, Tesla oder der Chip-Hersteller Nvidia zu erwähnen – nicht zu vergessen: ihre chinesischen Pendants Alibaba, Tencent und Baidu. Die Großen der Plattformökonomie zu beiden Seiten des Pazifiks arbeiten an Anwendungen für den globalen Markt; neue KI-getriebene Softwareanwendungen sind dabei, die Schwelle zum Massenprodukt zu überschreiten. Hier zeichnet sich eine ähnliche Entwicklung ab wie zu Zeiten der PC-Revolution, als der Computer *personal* wurde, sprich zum Produkt für jedermann.

Ich widme mich der Geschichte einer kontroversen Disziplin von der Geburtsstunde der Algorithmen bis hin zu aktuellen Entwicklungen. Ich frage, was eigentlich Intelligenz ist, und ob das überhaupt ein adäquater Begriff ist für Software, deren Reaktionen wir für »intelligent« halten. Wenn Algorithmen »dazulernen«, wie machen sie das, wie kommen sie zu ihren Lernfortschritten? Können ihre Schlussfolgerungen überhaupt noch nachvollzogen werden, oder sind diese zu *black boxes* geworden, die niemand mehr verstehen, geschweige denn kontrollieren kann? Und wer soll überhaupt für eine solche Kontrolle zuständig sein, wem gehören die Algorithmen und Daten, die Produktionsmittel der KI-Ökonomie? Wie hängt der Einsatz von Robotern mit der Mehrwertproduktion zusammen, und was bedeutet das für den Digitalen Kapitalismus? Was ist von Chinas neuentdeckter Liebe zur KI zu halten und vom Versuch der Kommunistischen Partei Chinas, bis 2030 die weltweite Vorherrschaft bei KI-Anwendungen zu übernehmen? Wie sollen die Chinesen in einer Art Kulturrevolution 2.0 mit Hilfe der *smart red cloud* zu Idealbürgern werden?

Was in diesem Buch versucht wird, ist eine klare Abgrenzung und Definition der Begriffe im Umfeld der »KI«, eine historische Einordnung, sowohl technisch als auch gesellschaftlich – was ohnehin nicht zu trennen ist – und ein politischer Ausblick, außerdem schließlich Empfehlungen für den Umgang mit KI. An der Hand der Digitalkonzerne, aber auch im Zuge von Industrie 4.0 werden KI-Technologien marktfähig und alltagstauglich und werden in vielen Bereichen auf breiter Basis implementiert. KI wird so zur Schlüsseltechnologie des Digitalen Kapitalismus, seiner auf Daten und deren Verwertung zentrierten Geschäftsmodelle. Darum soll es hier vorrangig gehen. Eins steht jedenfalls fest: Künstliche Intelligenz ist dabei, zum Alltagsphänomen zu werden. Es ist abzusehen, dass Wissen und Fähigkeiten rund um KI, Big-Data-Analysen und maschinelles Lernen ebenfalls zum Alltag, zum nächsten kapitalistischen *big thing* werden – technologisches Heilsversprechen, soziale Verheißung und finanzieller Hoffnungsträger zugleich.

Kurze Geschichte einer kontroversen Disziplin

Die Geschichte der Künstlichen Intelligenz beginnt ein ganzes Jahrhundert bevor der Begriff überhaupt erfunden werden wird. Der Industrielle, Nationalökonom und Erfinder Charles Babbage hatte sich im dampfbetriebenen industriekapitalistischen England daran gemacht, eine vollautomatische Rechenmaschine zu bauen, die *Analytical Engine*. Sie wies bereits alle wesentlichen Elemente moderner Computer auf: Eingabe, Ausgabe, Programmspeicher und -steuerung. Babbages 30 Meter langes mechanisches Monstrum, das der erste Computer der Welt hätte werden können, erblickte jedoch nie das Licht der Welt.

Die Erste, die eine schier unendliche Anwendungsvielfalt analytischer Maschinen erahnte, war Babbages Assistentin Lady Ada Lovelace. Sie sah voraus, dass solche Automaten zu deutlich mehr in der Lage wären, als reine Zahlen zu verarbeiten. Die deterministischen Automaten, über die Ada Lovelace nachdachte – es dauerte schließlich noch fast ein Jahrhundert, bis der erste funktionsfähige Computer von Konrad Zuse im elterlichen Wohnzimmer im Berlin-Kreuzberg des Jahres 1937 in Betrieb genommen wurde – könnten allerdings nicht über das in sie Hineinprogrammierte hinaus selbstständig denken. In ihren Anmerkungen zu Babbages nie fertiggestelltem Rechenautomaten schreibt die junge Engländerin 1843: »Die Maschine ist kein denkendes Wesen, sondern lediglich ein Automat, der nach Gesetzen handelt, die ihm auferlegt wurden.«[1] Dieser Satz kann – zumindest aus informatischer Sicht – gut und gerne als erster Kommentar zur KI-Thematik in der gesamten Menschheitsgeschichte gelten.

Können Maschinen denken?

Dieser Frage widmete sich Alan Turing in seinem bahnbrechenden und darüber hinaus höchst amüsant zu lesenden Essay »Rechenmaschinen und Intelligenz« aus dem Jahre 1950. Aber was ist überhaupt Denken, und was ist eine Maschine? Er schreibt: »Man könnte diese Definition so formulieren, dass sie so weit wie möglich den allgemeinen Sprachgebrauch wiedergibt, aber diese Einstellung ist gefährlich.«[2] Legten wir bei ihrer Definition die landläufige Verwendung zugrunde, argumentiert er, könnten wir die Antwort auf die Frage ebenso gut einer Meinungsumfrage überlassen. Das hält Turing allerdings für absurd, weil die Begriffe Maschine und Denken an sich schon so dehnbar seien, dass mehr als eine rein akademische Diskussion nicht zu erwarten sei. Stattdessen schlägt er vor, die Frage durch eine andere zu ersetzen. Turing verwirft den Versuch einer Definition und schlägt stattdessen ein Imitationsspiel vor, das ein eindeutiges Ergebnis liefern können soll auf die Frage, ob eine Maschine intelligent sei oder nicht: den berühmten Turing-Test der Künstlichen Intelligenz.

»Die neue Form des Problems lässt sich in Form eines Spiels beschreiben, das wir das ›Imitationsspiel‹[3] nennen. Es wird von drei Personen gespielt, einem Mann (A), einer Frau (B) und einem Fragesteller (C), der beiderlei Geschlechts sein kann.«[4] Die beiden Versuchspersonen A und B sowie der/die Fragensteller*in C sind voneinander isoliert, diese können mit jenem nur indirekt über Tastatur und Displays kommunizieren, sodass C nur auf dem Display dargestellte (Sprach)-Antworten der Testpersonen zu Gesicht bekommt. Das Imitationsspiel besteht nun darin, dass A so tun muss, als sei er eine Frau. In einer Art Travestie muss er C erfolgreich hinters Licht führen, das Verhalten einer Frau perfekt imitieren oder vielmehr der bei C existierenden Erwartung, wie sich eine Frau verhält, bestmöglich entsprechen. B wiederum muss ebenfalls versuchen, C von ihrer weiblichen Identität, also von der Wahrheit zu überzeugen. Das entbehrt nicht einer gewissen Ironie: Der homosexuelle Alan Turing schlägt eine Art queeres Quiz vor. Wer den Test besteht, wer also hinreichend oft bzw. statistisch signifikant das Spiel gewinnt, hat erfolgreich bestanden: Er oder sie ist eine Frau!

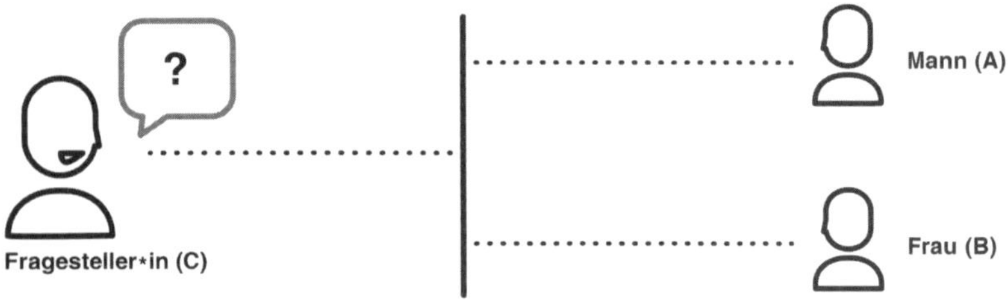

Das Imitationsspiel nach Turing

Bislang ging es also noch gar nicht um Maschinen, erst in einem zweiten Schritt stellt Turing die Frage: »Was passiert, wenn eine Maschine in diesem Spiel die Rolle von A übernimmt? Wird sich der Fragesteller beim Spielen des Spiels so oft falsch entscheiden, wie wenn das Spiel zwischen einem Mann und einer Frau gespielt wird? Diese Fragen ersetzen unser ursprüngliches ›Können Maschinen denken?‹«[5] Die Maschine übernimmt nun die Rolle des Mannes, muss ihrerseits überzeugend ›weiblich‹ (inter)agieren und C von ihrer weiblichen Identität zu überzeugen versuchen.

Es geht Turing hier um zweierlei. Erstens vermeidet er jeglichen Essenzialismus und trennt die Frage nach der Intelligenz vom biologischen Substrat. Zweitens setzt er die Beantwortung der Frage gleich mit dem erfolgreichen »So tun als ob«. Statt der Frage, ob Maschinen denken können, wird also untersucht, ob sie sich so verhalten können wie ein (denkender) Mensch. Es geht ihm nicht um eine wie auch immer geartete »echte« Intelligenz. Die erfolgreiche Imitation derselben ist hinreichend – entscheidend ist, was hinten rauskommt. Mit anderen Worten: Intelligenz wird zur performativen Kategorie.

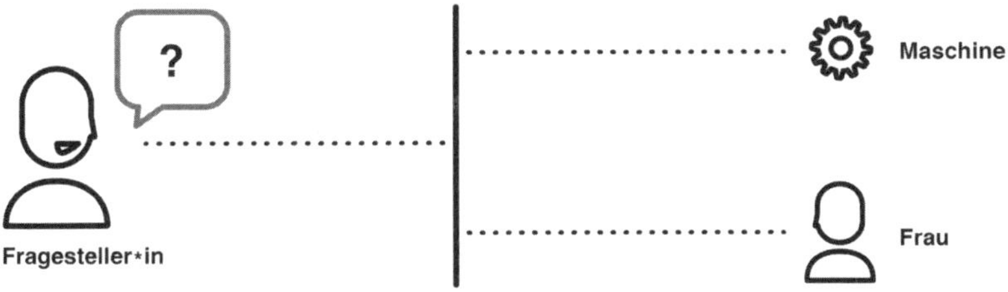

Der Turing-Test der Künstlichen Intelligenz

Erinnert seine Herangehensweise nicht an Judith Butlers Gendertheorie? Diese fragte in ihrem Buch *Das Unbehagen der Geschlechter*, was Geschlecht eigentlich ist.[6] Ist es biologisch determiniert, oder ist, was wir als Frau und Mann bezeichnen, nicht vielmehr bestimmt durch Verhaltensweisen und gesellschaftliche Codes? Judith Butler ist es zu verdanken, die Beantwortung dieser Frage einerseits – in einer Turings Überlegung ähnlichen Entessenzialisierung – vom biologischen Geschlecht (*sex*) gelöst und andererseits als soziales Konstrukt (*gender*) definiert zu haben, das sich jeglichen körperlichen Essenzialismen verweigert und es ausschließlich als Emanation einer sozialen Praxis bestimmt. Auch bei Butler geht es darum, sich vom sex, also der körperlich-biologischen Essenz, zu lösen. Gender wird in performativen Akten konstituiert, in denen sich eine Person im Rahmen fester Rollenvorstellungen durch Handlungen, eben performativ, ihres sozialen Geschlechts versichert.

Gender als performative Praxis ist ein Imitationsspiel: Ich imitiere Verhaltensweisen, die als männlich oder weiblich gelten und konstruiere damit in einem unendlichen Prozess mein soziales Geschlecht, bis der Beobachter (C) restlos davon überzeugt ist, ich sei das eine oder das andere, etwa ein Mann, oder eine Frau. Ich wage an dieser Stelle die These, dass Judith Butler Inspiration für ihre Theorie bei Alan Turing erhalten hat.

Ein Marketing-Coup

Der Name für die Disziplin war da noch gar nicht erfunden, das gelang ein paar Jahre später dem Mathematiker John McCarthy. Dieser bereitete als junger Assistenz-Professor am Dartmouth-College ein Sommerlager für Mathematiker vor, das im Jahr 1956 stattfinden sollte. Den Geldgebern wurde vollmundig versprochen, eine Handvoll Mathematiker (ausschließlich Männer) würde das Thema Künstliche Intelligenz im Verlauf des Sommer-Workshops erschöpfend bearbeitet haben. Im Forschungsantrag für das zahlenverliebte Pfadfindertreffen taucht zum ersten Mal der Name für das neue Forschungsfeld auf: *artificial intelligence.* Auch wenn tatsächlich keinerlei praktische Ergebnisse des Sommercamps bekannt sind, war mit dem griffigen Namen für eine neue Disziplin der Weg geebnet worden: Die Künstliche Intelligenz war geboren. McCarthy bekam sein Geld, und das Dartmouth Summer Research Project on Artificial Intelligence konnte stattfinden.

Das Sommerlager dauerte etwa sechs bis acht Wochen und war »im Wesentlichen eine ausgedehnte Brainstorming-Session«[7] – so Jerry Kaplan in seiner gelungenen Einführung in die Thematik. Viele berühmte Namen gaben sich hier ein Stelldichein, die die KI wesentlich prägen sollten. Neben McCarthy selbst nahmen auch der spätere Gründer des MIT-Labors für Künstliche Intelligenz, der Kognitionswissenschaftler Marvin Minsky, und der Begründer der Informationstheorie Claude Shannon als Autoren des Konferenzprogramms an der Gründung der neuen Disziplin teil.

Die Initiatoren gingen von der Annahme aus, dass »jeder Aspekt des Lernens oder jeder anderen Manifestation von Intelligenz letztlich so genau beschrieben werden kann, dass er auf einer Maschine simulierbar ist.«[8] Das Programm des Symposiums war sehr ambitioniert: »Es wird versucht herauszufinden, wie man Maschinen dazu bringt, Sprache zu benutzen,

Abstraktionen zu bilden, Konzepte zu entwickeln, Probleme zu lösen, die bisher Menschen vorbehalten waren, und wie man sie dazu bringt, darin besser zu werden«, so wird es in der Beschreibung des Forschungsvorhabens formuliert.

Anlässlich dieses historischen Ereignisses lieferte McCarthy auch gleich einen Definitionsversuch für die neue Disziplin KI: »die Herstellung einer Maschine, die sich auf eine Art und Weise verhält, die wir intelligent nennen würden, wenn ein Mensch sich so verhielte«.[9] Das ist keine sehr präzise Definition, aus zwei Gründen: Erstens rekurriert sie auf menschliche Intelligenz, und welches menschliche Verhalten die Bezeichnung intelligent verdient, ist ganz sicher nicht eindeutig mess- und überprüfbar, da ist Streit vorprogrammiert. Zweitens sagt sie nichts über Struktur oder Funktionsweise aus, sondern betrachtet ausschließlich das Ergebnis, ähnlich wie Turing das in seinem Test getan hatte.

McCarthy tat sich in der Folge auch durch eine doch sehr hemdsärmelige Interpretation von denkenden Maschinen hervor, in den kybernetisch-zukunftsverliebten Zeiten des Sputnik-Schocks hielt er sogar Thermostate für bewusste Wesen: Der US-amerikanische Philosoph John Searle berichtet, McCarthy habe in einem Gespräch mit ihm bekräftigt: »[S]elbst von so simplen Maschinen wie Thermostaten kann man sagen, sie hätten Überzeugungen.« Und auf die Frage, welche das denn seien, antwortete er: »Mein Thermostat hat drei Überzeugungen – ›es ist zu heiß hier‹, ›es ist zu kalt hier‹ und ›es ist gerade richtig hier‹.«[10]

Der oben erwähnte Marvin Minsky kann als einer der ersten KI-Populisten gelten, wenn er Anfang der 1950er Jahre – wiederum laut John Searle – verkündet: »Die nächste Generation von Computern wird so intelligent sein, dass wir von Glück sagen können, wenn sie uns noch als Haustiere um sich haben wollen.«[11] Bis heute hat noch kein Computer ernsthaft den Turing-Test bestanden. Beim seit 1991 jährlich vergebenen Loebner-Preis etwa wird ein Chatbot gesucht, der einem Turing-Test

Das Bewusstsein eines Thermostats

über 25 Minuten standhält. Bisher wurden nur Trostpreise vergeben. Marvin Minsky meldete sich 1995 zu Wort und bot 100 US-Dollar an, falls der Wettbewerb eingestellt würde. Der Medientheoretiker Bernhard Dotzler bemerkte bereits Ende der 1980er Jahre, Zukunftsszenarien rund um KI seien »allesamt schon bei Turing zu haben«.[12] Aber in den »guten alten Zeiten der KI«, wie Hector J. Levesque die Frühzeit der KI-Forschung nennt, herrschte eben Optimismus pur.[13]

Was ist eigentlich Intelligenz?

Der Duden liefert folgende Definition: »Die Fähigkeit [des Menschen], abstrakt und vernünftig zu denken und daraus zweckvolles Handeln abzuleiten.« Deutlich anders geht das amerikanische *Merriam-Webster Dictionary* an die Sache heran, hier ist die Rede von der »Fähigkeit zu lernen oder zu verstehen oder mit neuen Situationen umzugehen, auch: die Anwendung von Wissen, um die Umgebung zu verändern oder abstrakt zu denken in etwa durch Tests messbarer Weise.«[14] Aber ist Intelligenz tatsächlich lern- und messbar? Sind die erwähnten Fähigkeiten Lernen, Verstehen, Abstrahieren definier- und quantifizierbar?

Es gibt eine Vielzahl an Tests, die für sich beanspruchen, genau das zu tun und das Ergebnis in einer Zahl ausdrücken zu können, dem sogenannten Intelligenzquotienten. Der Test für medizinische Studiengänge etwa, weithin als Mediziner-Test bekannt, beansprucht für sich, über Sprach- und Kulturgrenzen hinweg die Essenz menschlichen Denkvermögens prüfen und quantifizieren zu können. Doch allein die Tatsache, dass für den Mediziner-Test zahllose Vorbereitungsseminare angeboten werden, weist darauf hin, dass es vielmehr um Training geht.

Claude Shannon war es in den 1940er Jahren demgegenüber gelungen, aus dem unscharfen, schillernden Alltagsbegriff »Information« eine mathematische Größe zu machen. In seiner berühmten Abhandlung »A Mathematical Theory of Communication«[15] von 1949 interpretierte er Information als statistische Größe und konstatierte: Der Informationsgehalt einer Nachricht liegt in ihrer statistischen Wahrscheinlichkeit. Information wurde quantifizierbar, Shannon selbst erfand die bis heute gültige Maßeinheit bit (binary digit). Die Informatik (ein von Karl Steinbuch in den 1950er Jahren kreiertes Kunstwort gebildet aus *Infor*mation und Mathe*matik*) als Wissenschaft der maschinellen Verarbeitung von Information hatte ihre Grundlage bekommen.

Ganz anders bei der wenig später entstehenden Disziplin *Künstliche Intelligenz*: Ihr Gegenstand entzieht sich einem analytischen Zugriff. Es gibt keine Theorie und demzufolge auch keine mathematische Formalisierung derselben. Kurz: Wir *wissen* nicht, was Intelligenz ist, was sie ausmacht, wie sie zustande kommt oder funktioniert, zumindest nicht in der Art und Weise, wie wir wissen (können), wie ein Auto funktioniert. Intelligenz ist nicht modellierbar – ich erkenne sie aber, wenn ich sie sehe. Der anerkannte KI-Experte Jerry Kaplan schreibt resigniert: »Intelligenz als kohärentes Konzept, das formale Analyse, Messung und Reproduktion erlaubt, mag gut und gerne eine Illusion bleiben.«[16]

Joseph Weizenbaum, der Schöpfer des eingangs erwähnten Chatbots ELIZA, war jüdischer Abstammung, seine Familie war vor den Nazis nach Amerika geflohen, wo er früh an Computerprojekten mitarbeitete. Er gilt als einer der Gründerväter der KI und hat sich als einer der Ersten mit *machine learning* beschäftigt, also der Fähigkeit von Maschinen, Handlungen auszuführen, ohne explizit dafür programmiert worden zu sein. Joseph Weizenbaum begann 1964 am MIT zu arbeiten, wo er dann 1966 das berühmte ELIZA veröffentlichte: »Meine Idee war, dass mein Sprach-Analyse-Programm in seiner sprachlichen Ausdrucksweise immer besser, also differenzierter, genauer und raffinierter werden würde, genau wie die Blumenverkäuferin aus dem Musical unter der Anleitung ihres Lehrers Professor Higgins.« Das Programm konnte die natürliche Sprache Englisch »verstehen«, sprich: Texteingaben verarbeiten und in Textform beantworten. Heute nennen wir dies *natural language processing*. Das berühmte ELIZA-Programm funktioniert recht simpel, enthält aber schon die wesentlichen Elemente sämtlicher KI-Anwendungen bis heute: einen Algorithmus, der mit Daten gespeist und somit in die Lage versetzt wird, ein Modell von seinem Gegenstand zu bilden, sprich: dazuzulernen. Das Interface ist denkbar einfach: eine Tastatur und ein Eingabefeld.

Weizenbaum entwickelte mit ELIZA zunächst die Simulation einer psychoanalytischen Sitzung, denkbar sind jedoch beliebige Situationen und Themen: »Da waren zwei Gesprächsteilnehmer, der Mensch und der Computer. Der Mensch tippte seinen Gesprächsbeitrag in die Tastatur des Computers – damals nannte man es eine Schreibmaschine, die an einen Computer angeschlossen war – und mit Hilfe meines Programms analysierte der Computer diese Aussage und erzeugte eine Antwort, die über die Schreibmaschine ausgedruckt wurde.«[17] Das Skript sind die Daten, der Sprachanalysator ein lernender Algorithmus.

Soziale Halluzinationen

Joseph Weizenbaum, Pionier der Künstlichen Intelligenz und gleichzeitig ihr größter Kritiker, zutiefst humanistischer Computer-Pessimist und amüsanter Erzähler, berichtet über die Reaktionen auf sein Programm: Zunächst beobachtete er, dass Menschen tatsächlich schnell begannen, die Situation sehr ernst zu nehmen und eine emotionale Beziehung zu ELIZA aufzubauen: »Einmal führte meine Sekretärin eine Unterhaltung mit ihm; sie hatte seit Monaten meine Arbeit verfolgt und mußte von daher wissen, daß es sich um ein bloßes Computerprogramm handelte. Bereits nach wenigen Dialogsätzen bat sie mich, den Raum zu verlassen.«[18] Damit einher ging eine Überschätzung des Programms und eine Gleichsetzung mit menschlichen Fähigkeiten: »Diese Reaktionen auf Eliza haben mir deutlicher als alles andere bis dahin Erlebte gezeigt, welch enorm übertriebene Eigenschaften selbst ein gebildetes Publikum einer Technologie zuschreiben kann oder sogar will, von der es nichts versteht.«[19] Eine ganze Reihe Praktizierender ging davon aus, man könnte das Programm ernsthaft zum Therapieren einsetzen, es »könne zu einer fast automatischen Form der Psychotherapie ausgebaut werden«, und damit kostengünstiger arbeiten bzw. Selbsttherapien ermöglichen – typisch für eine Zeit, in der Kybernetik, Behaviorismus und der Glaube an Massenmanipulation durch Werbung weitverbreitet war. Die aus der Psychoanalyse bekannte Übertragung geschähe dann eben auf eine Maschine.

Die Frage, ob wir ein Computerprogramm für intelligent halten oder nicht, scheint also eher mit uns selbst zu tun zu haben als mit dem fraglichen Programm und dessen Fähigkeiten oder Komplexität. Weizenbaum hat das klar erkannt. Nur allzu gern sind wir bereit, einem Mechanismus Leben einzuhauchen; wie Kinder eine Puppe im Spiel lebendig werden lassen, so animieren wir Computer, wenn wir mit ihnen schimpfen, uns in Siri verlieben wie der Protagonist in Spike Jonzes Film *Her* oder Angst vor rassistischen Chatbots bekommen. Der Kognitionsforscher und Direktor der MIND Group und der Forschungsstelle Neuroethik an der Universität Mainz, Thomas Metziger, nennt das »soziale Halluzinationen«: »Wir Menschen haben die Fähigkeit, uns einzubilden, es mit einem selbstbewussten Gegenüber zu tun zu haben, auch wenn das nicht der Fall ist.«[20]

Solange noch nicht geklärt ist, was Intelligenz wirklich ist und ausmacht, ist KI kaum mehr als ein werbewirksamer Marketingbegriff. Alan Turing verwarf die Idee, dass Maschinen denken können, vorausschauend als absurd, weil die Parameter nicht geklärt sind. Wenn wir über Künstliche Intelligenz reden, hantieren wir also mit einem schwer zu fassenden Begriff, bei dem immer der Vergleich mit dem Menschen und seinen geistigen Fähigkeiten mitschwingt. John McCarthy hat mit seiner schillernden und äußerst werbewirksamen Wortschöpfung einer sachlichen Diskussion einen Bärendienst erwiesen. Eigentlich wäre es angebrachter, z. B. von Software 2.0, datengetriebener Software oder trainierten Algorithmen zu sprechen, um das Thema zu entmystifizieren. Da das KI-Kind aber nun einmal in den Brunnen gefallen ist, belasse ich es im Folgenden darin …

Im Übrigen sollten wir nicht darüber reden, ob oder wie »intelligent« ein Algorithmus oder eine Maschine sind, sondern welche Aufgaben sie auf welche Weise und in welchem Maße erfolgreich bewältigen können. Dann werden der therapeutische Chatbot ELIZA, der Schachcomputer Deep Blue oder die meisterlich Go spielende KI AlphaGo zu etwas ganz und gar Irdischem. Wie Blitz und Donner ihre Magie einbüßten, sobald ihre wissenschaftliche Erklärung bekannt war, so nimmt auch das Verständnis davon, wie eine Software oder ein Automat die ihnen aufgetragenen Aufgaben lösen, ihnen ihre metaphysische Aura – ob es sich bei der gelösten Aufgabe nun um eine einfache Rechnung, um das Steuern eines Fahrzeugs oder das Führen eines Gesprächs in natürlicher Sprache handelt.

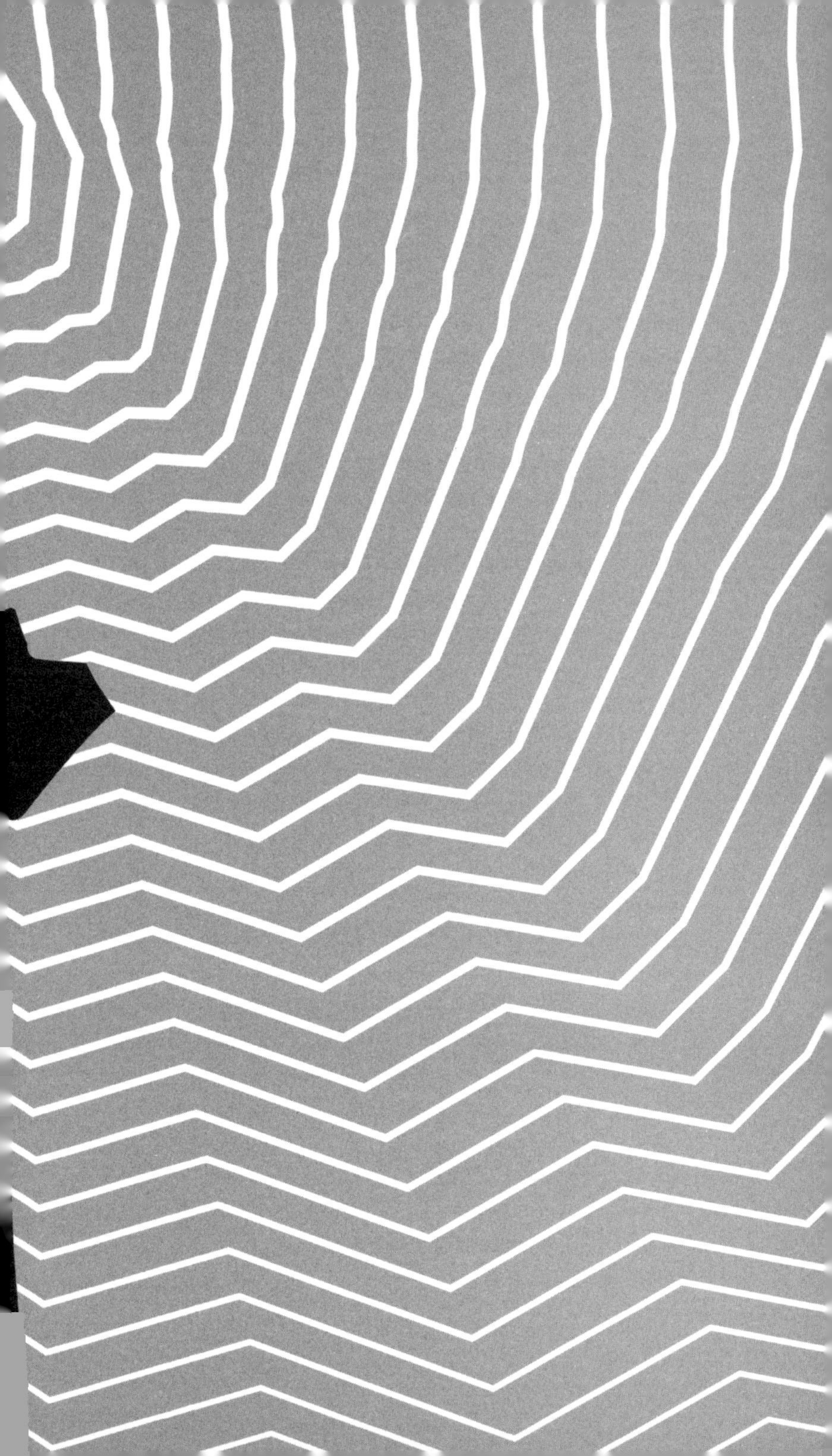

Der Digitale Kapitalismus

Am 27. Januar 1880 erhielt Thomas Edison das Patent für die kommerziell einsetzbare Glühbirne, welche den Weg für den universellen häuslichen Gebrauch von elektrischem Licht ebnete. Zehn Jahre später gründete der Erfinder und Unternehmer die Firma General Electric (GE), die in den USA für die Elektrifizierung des Alltagslebens steht wie Siemens in Deutschland. Bei beiden stand ein Gründer am Beginn, der als erfolgreicher industrieller Akteur gefeiert wurde. Über ein Jahrhundert lang galt GE zudem als Musterbeispiel für effektive Organisation und erfolgreiches Management. Heute ist die Firma nur noch ein Schatten ihrer selbst, das einstmals so profitable Kerngeschäft rund um elektrische Energie, Beleuchtung und Maschinen- und Anlagenbau wird gegenwärtig abgewickelt. Das ist gerade so, als würde Volkswagen keine Autos mehr bauen. Das seit 1894 ununterbrochen im Dow-Jones-Index verzeichnete Unternehmen ist obendrein gerade aus dem wichtigsten Aktienindex der Welt entfernt worden – mangels Relevanz.

2006, 126 Jahre nach der Erteilung des Patents, stand der altehrwürdige industrielle Gigant noch unter den wertvollsten Unternehmen der Welt an zweiter Stelle, einzig überragt vom US-amerikanischen Ölkonzern Exxon. Dahinter rangierten auf den Plätzen drei bis fünf ein weiterer Ölkonzern (Total) sowie die Citibank gefolgt von der Softwareschmiede Microsoft. 2011, also fünf Jahre später, zeigt sich noch ein ähnliches Bild: GE ist nicht mehr dabei, dafür finden sich diesmal neben Exxon noch zwei weitere Ölkonzerne und eine Bank. Mit Apple hatte es diesmal das Soft- und Hardware-Unternehmen in die Liste geschafft, das mit dem iPhone und dem dazugehörenden

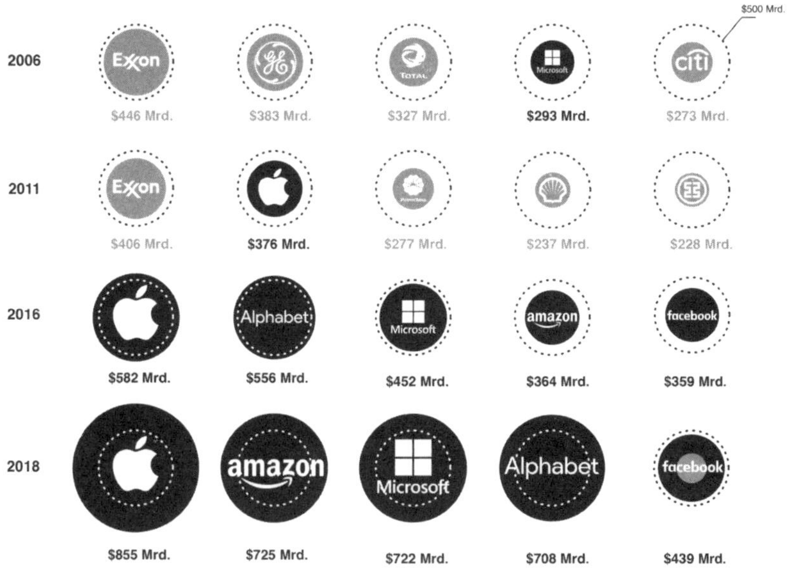

Die wertvollsten Unternehmen der Welt (Stand: Oktober 2018)

App-Store zu einer digitalen Plattform *par excellence* herangewachsen ist.

2016, wiederum fünf Jahre später, hat sich das Bild völlig gewandelt. Neben Apple besetzen nun mit Alphabet, Microsoft, Amazon und Facebook ausschließlich digitale Firmen die ersten fünf Plätze, Organisationen also, deren Geschäftsbeziehungen mit Angestellten, Kunden, Lieferanten und anderen externen Partnern über digitale Netze organisiert sind.[21] Zufall? Eher nicht. Denn auch 2018 hat sich das Bild kaum mehr gewandelt, zum ersten Mal in der Geschichte des US-amerikanischen Kapitalismus belegen in drei aufeinanderfolgenden Jahren dieselben fünf Unternehmen – mit leicht veränderter Reihenfolge – die Spitzenplätze. Auch was die absoluten Unternehmenswerte angeht, sorgen diese fünf für Rekorde, der Spitzenreiter Apple ist heute knapp doppelt so viel wert wie der Erstplatzierte Exxon im Jahre 2006.

Apple stellt zwar auch Hardware her, aber seit 2016 sind digitale Dienste zur zweitgrößten Einkommensquelle der Firma aus Cupertino geworden. Und Amazon ist zwar auch ein Einzelhändler, jedoch sind auch hier die am stärksten wachsenden Firmenteile Anwendungen aus dem Cloud-Computing, also der kommerziellen Speicherung und Verwaltung großer Datenmengen Dritter. Allen fünf Erstplatzierten ist gemeinsam, dass sich Algorithmen und Daten zu ihrem Kerngeschäft gemausert haben.

Unternehmenswert und Marktkapitalisierung sind als Indikatoren allerdings mit Vorsicht zu genießen, es handelt sich schließlich um spekulative Börsenwerte. Worin liegt nun aber das Vertrauen der Aktionäre in diese Unternehmen begründet, die nicht gerade durch üppiges konstantes Kapital, sprich Vermögenswerte hervorstechen? Die Antwort: Es sind die Daten, die diesen Unternehmen gehören, und ihre Fähigkeit, mit Hilfe von Algorithmen aus diesen verwertbare Information zu generieren. Dem britischen Kapitalismuskritiker Nick Srnicek zufolge spiegelt die hohe Marktkapitalisierung dieser Unternehmen »primär den Wert ihrer Daten und ihrer großen Nutzerbasis wider.«[22]

Auch wenn es um Innovation geht, sind die großen Fünf vorne mit dabei. Seit 2016 steht der Online-Einzelhändler Amazon bei den Investitionen in Forschung und Entwicklung weltweit an erster Stelle.[23] In den fünf Jahren zuvor nahm diesen Platz noch der zweitgrößte Autohersteller der Welt und Symbol des deutschen Wirtschaftswunders ein, nämlich die Volkswagen AG. Auch dieser Gigant des industriellen Kapitalismus steckt heute in der Krise: Der Versuch, die Dieseltechnologie mit gefälschten Abgaswerten zu retten, ist gescheitert, illegale Preisabsprachen in der Branche sind aufgeflogen, ehemalige Manager sitzen im Gefängnis.

20 Jahre nach seinem Start als Online-Buchhändler ist Amazon zum vielleicht wichtigsten Player der digitalen Ökonomie weltweit geworden. Kennzeichnend ist dabei eine disruptive

Strategie, die auf die Eroberung neuer Märkte und die Dominanz derselben abzielt. Amazon-Chef Jeff Bezos forderte schon in der Anfangsphase, als es noch um die Eroberung des Buchmarktes ging, von seinen Untergebenen Aggressivität: »Ich möchte, dass Sie vorgehen, als wollten Sie den ganzen traditionellen Buchhandel arbeitslos machen.«[24]

Den Digitalkonzernen aus dem Silicon Valley stehen auf der anderen Seite des Pazifiks chinesische Pendants gegenüber, welche die Originale teilweise noch übertreffen. Wenn wir wissen wollen, wo die Reise hingeht, müssen wir nach China schauen. Dort findet ein Viertel der globalen Produktion statt. Bis 2025 will China zudem führend im Bereich der Künstlichen Intelligenz werden. Ein entsprechendes von der Kommunistischen Partei verkündetes Programm soll bis 2025 »große Durchbrüche« erzielen und der chinesischen Ökonomie bis 2030 weltweit einen uneinholbaren Wettbewerbsvorteil verschaffen.

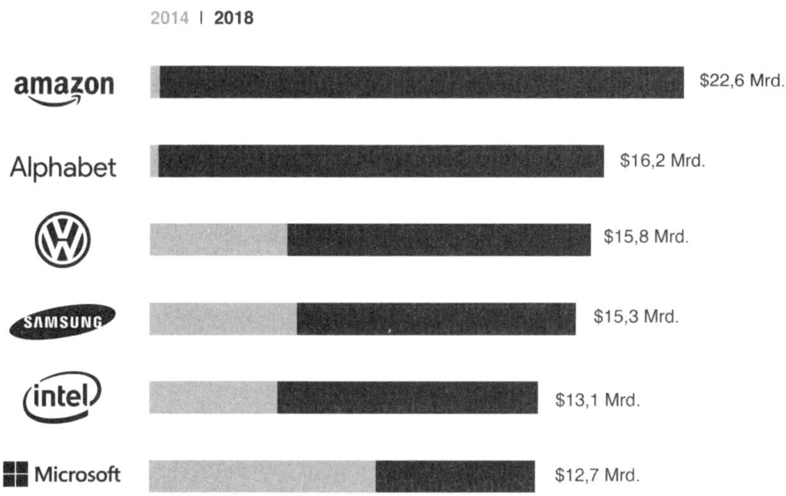

Ausgaben für Forschung und Entwicklung[25]

Der Hunger nach Daten

2015 gab etwa der Softwareriese IBM den Kauf einer Krankenhaus-Kette bekannt. Was war der Grund für diesen Einkaufstrip in branchenfremden Gefilden? Es ging um Daten: Die datenhungrige KI-Anwendung Watson, das Aushängeschild von IBMs ehrgeizigen Plänen und eine der führenden Softwares im KI-Bereich, benötigt Unmengen an Daten von bildgebenden Verfahren (Röntgen, CT, Kernspin-Aufnahmen) um zu lernen. Ziel von IBM ist es dabei, ein marktfähiges Diagnosetool zu entwickeln und zu vermarkten.[26]

Auch der US-amerikanische Einzelhandelsriese Walmart hat die Bedeutung von Daten entdeckt und möchte zur digitalen Firma werden. Der mit über zwei Millionen Beschäftigten größte zivile Arbeitgeber der Welt ging jüngst eine Allianz mit Google ein: Das Management hofft, mit Hilfe von dessen Expertise im Bereich Datenauswertung und Künstliche Intelligenz seinem größten Widersacher Amazon Paroli bieten zu können.[27] Mit der Hilfe von Googles KI-Algorithmen will der Amazon-Konkurrent seine Kundinnen und Kunden besser analysieren können und diese Ergebnisse für den Onlineverkauf nutzen.[28] Zusätzlich hat sich Walmart mit Microsoft zusammengeschlossen, um Amazon auf dem Gebiet der Speicherung von Daten in der Cloud Konkurrenz zu machen.[29] Auch in das lukrative Streaming-Geschäft möchte Walmart einsteigen: Walmart plant eine Video-Streaming-Plattform, die Netflix und Amazon Prime preislich unterbieten will.[30] Der große Treck Richtung digitale Geschäftsmodelle macht also auch vor Walmart nicht halt.

Daten sind in strukturierter Form vorliegende gespeicherte Zeichen aus einem endlichen Zeichenvorrat, so die Definition aus informatischer Sicht – keine Spur von Inhalt oder Bedeutung. Um nützliche Informationen zu ergeben, müssen diese Daten erst gelesen, verarbeitet und interpretiert werden. Wenn es sich um sehr große Datenmengen handelt, wird dies als *Data*

Mining bezeichnet. Hier wird die Analogie zu Rohstoffen deutlich, die ebenfalls zunächst gefördert, raffiniert und verteilt werden müssen, bevor sie nutzbar werden – so werden aus Rohöl etwa Benzin und viele andere Derivate; mit (Roh)-Daten verhält es sich ähnlich: Durch Extraktion und Raffination werden aus nutzlosen Rohdaten verwertbare Informationen.

Die Analyse dieser Rohdaten, die Generierung verwertbarer Information aus ihnen wird zum Kernprozess in der Maschinenhalle des Digitalen Kapitalismus, bei dem zunehmend in allen Branchen KI-gestützte selbstlernende Algorithmen eingesetzt werden. Der Kapitalismuskritiker Evgeny Morozov bezeichnet dies als »Datenextraktionismus«.[31] Technologien um Künstliche Intelligenz stellen für diese Firmen den Kern der algorithmischen Datenauswertung dar, sie werden zur zentralen Verwertungsmaschine des Digitalen Kapitalismus.

Logistik, Verkehr, Finanzdienstleistungen – kaum ein Bereich, der nicht eine beginnende Transformation hin zu datenextraktiven, von Algorithmen gemanagten plattformkapitalistischen Geschäftsmodellen zu verzeichnen hat. Die Abkehr von fossilen Brennstoffen führt zu einem Plattformkapitalismus der Energie – Stromkonzerne verwandeln sich in digitale Plattformen. Der Ökostrom-Anbieter Lichtblick will – nur konsequent – zum »Airbnb der Energie« werden, sich also in Zukunft im Stromnetz auf reine Vermittlungstätigkeit beschränken.[32] Im Zuge dessen findet eine datenökonomische Neuausrichtung der Gesellschaft insgesamt statt.

Datensammlungen und ihre Auswertung aber haben tiefgreifende Veränderungen der Gesellschaft zur Folge. Einer der Ersten, der diese weitreichenden Folgen beschrieb, war der Sozialwissenschaftler Rob Kitchin. Die neuen Möglichkeiten der Datensammlung, Speicherung und Analyse für die Generierung von Wissen bezeichnet er als »Daten-Revolution«, um die gesellschaftsbestimmende, wenn nicht -konstituierende Bedeutung von Daten zu beschreiben. Daniel Houben und Bianca Prietl machen sechs Mechanismen aus, die Treiber dieser

»Datafizierung des Sozialen«[33] darstellen: Zunächst sammeln nicht mehr ausschließlich Andere Daten über uns, sondern wir tun es selbst. Die Bereiche, die »datafiziert« werden, erweitern sich auf vorher nicht »datenkolonisierte« Gebiete. Die meisten Daten landen mittlerweile im Einflussbereich privater Datenfirmen, staatliche Überwachung und Datenspeicherung treten demgegenüber in den Hintergrund. In einem zweiten Schritt nach der umfassenden Sammlung, die überdies weitgehend automatisiert erfolgt, werden diese Daten algorithmisch analysiert. Datengestützte Bewertungsmechanismen halten Einzug und dienen als Handlungsanweisungen und Leitlinien.

Die möglichst kostenlose und umfassende Verfügbarkeit von Daten ist dabei Voraussetzung für ein System, das darauf basiert, diese zu analysieren, uns damit immer besser kennenzulernen, um uns daraufhin mit Diensten zu versorgen, deren Optimierung wir letztlich selbst vollzogen haben. Phänomene wie *Quantified Self*, also die Bereitschaft, Daten über sich selbst zu sammeln oder sammeln zu lassen, sind in diesem Kontext zu sehen. In einem auf die Datengenerierung folgenden zweiten Schritt führen diese Daten zu einer Konstituierung des Selbst – meine App sagt mir, wie viele Schritte ich heute gegangen bin, ob ich mich heute genug bewegt habe, und entscheidet letztlich über mein Wohlbefinden und meine Selbsteinschätzung als Couch-Potato oder Sportskanone.

Die Logik der Plattformen

Plattformen – proprietäre Anwendungen oder Online-Angebote – sind eine neue Art von Unternehmen, die digitale Infrastrukturen für die Vermittlung zwischen verschiedenen Nutzergruppen bereitstellen und durch das Design dieser Strukturen, Schnittstellen und Algorithmen die Interaktionsmöglichkeiten steuern. So gibt etwa Apple mit seinem App-Store eine Plattform und strenge Regeln vor, an die sich die Drittanbieter von Apps halten müssen. Von den derzeit über zwei Millionen Apps bei Apple sind nur ca. einhundert vom Plattformbetreiber selbst programmiert worden.[34]

Laut dem kanadischen Ökonomen Nick Srnicek charakterisieren insbesondere vier Merkmale die Plattformen: Erstens handelt es sich um digitale Infrastrukturen, die es verschiedenen Nutzergruppen ermöglichen, miteinander zu interagieren oder eigene Produkte und Dienste zu entwickeln. Zweitens setzen diese erfolgreich auf den Netzwerkeffekt: Je mehr Nutzer eine Plattform akkumuliert, desto größer wird einerseits der Nutzen für diese und andererseits das Potenzial für die Plattform, Daten zu kapitalisieren. Drittens können sie durch das Angebot kostenloser Produkte und Dienste mehr Benutzer und somit mehr Aktivitäten in ihrem Netzwerk ansammeln und Querfinanzierungsmöglichkeiten über unterschiedliche Geschäftsbereiche hinweg ausreizen. Viertens setzen Plattformen eine Strategie der ständigen Benutzerbeteiligung, perpetuierten Re-Designs und optimierter Nutzererfahrung ein, um noch mehr Daten von ihren Benutzern zu extrahieren.[35]

Ihr Modell ist nicht mehr vorrangig die Produktion von Waren und die Ausbeutung lebendiger Arbeit im Produktionsprozess, sondern die Extraktion von Daten. Ihre kostenlosen Services haben sie zu unverzichtbaren Bestandteilen unseres Lebens gemacht. Sie sind zu privat gemanagten öffentlichen Services geworden, Shopping Malls und Walled Gardens im Digitalen, die den öffentlichen digitalen Raum, der in der Anfangszeit des Internets aufschien, nur zum Schein aufrechterhalten, und in denen allgemeine Geschäftsbedingungen ein unsichtbares Regiment führen.

Dies entspricht der kalifornischen Ideologie, der zufolge niemand besser geeignet sei, die Probleme der Menschheit zu lösen, als die Unternehmer des Silicon Valley selbst. Mit ihrer Armada an Ingenieuren und Programmiererinnen, ihren schier unerschöpflichen Ressourcen, die sie ohne ideologische Vorurteile und ohne die Schwerfälligkeit öffentlicher Bürokratien und Institutionen viel effizienter einsetzen können, haben sie tatsächlich in vielen Bereichen quasi *public services* geschaffen, sie haben die Post, die Zeitung, soziale und politische Räume besetzt und übernommen und schicken sich an, dasselbe mit dem Verkehr und anderen Branchen zu tun.

»Acht Stunden sind kein Tag«

So lautete der Titel einer Fernsehserie von Rainer Werner Fassbinder von 1972, in der es um eine Arbeiterfamilie aus dem Ruhrgebiet geht. Titelgebend ist der Acht-Stunden-Tag, Kernelement des fordistischen Normalarbeitsverhältnisses mit seiner Fünf-Tage-Woche und dem *nine-to-five*-Job – Eckpfeiler der gesellschaftlichen Betriebsweise rund um Massenproduktion, Vollbeschäftigung und Konsum im Fordismus. Der Arbeitstag in den Fabriken und Büros ist erfolgreich reduziert worden durch Kämpfe der Arbeiterklasse und durch Regulierung von staatlicher Seite. Seit den 1980er Jahren ist der Trend zu kürzeren Arbeitszeiten allerdings gestoppt und dann sogar umgekehrt worden. Insbesondere in der sogenannten Kreativbranche, auf digitalen Arbeitsplattformen, bei Start-ups, überall da, wo viele Selbstständige oder mit Eigenverantwortung Ausgestattete sich tummeln, haben sich die Arbeitszeiten aufgebläht.

Der Versuch, die Ausbeutung auf den ganzen Körper, das ganze Leben, den gesamten Alltag auszudehnen, ist oft beschrieben worden, allen voran von Michel Foucault. Warum, fragt sich das Kapital, hat der Arbeitstag nicht 24 Stunden? Auf den Plattformen scheint dem digitalen Kapital die Verwirklichung dieses Traums zu gelingen. Dort sind wir alle angehalten, mitzumachen, werden zu ständiger ruheloser Aktivität verführt, ganz gleich, ob wir produzieren oder konsumieren – jegliche Aktivität erzeugt gleichermaßen Verwertbares in einem schon von Norbert Wiener beschriebenen und den symbolverarbeitenden Maschinen eingeschriebenen Mechanismus aus Feedback und Regulierung. Hier gelingt es dem Kapital, die nach Milliarden zählenden Akteure, tendenziell die gesamte Weltbevölkerung, in ihren Dienst zu nehmen – und zwar 24 Stunden am Tag, sieben Tage die Woche.

Big Data ist nichts als eine automatische Datenfarm, auf der das Kapital verwertbare Information ernten oder sie, wie der Imker den Honig, regelmäßig abschöpfen kann. Bloß – die emsigen Bienen, das sind im Digitalen Kapitalismus nicht mehr die Arbeiter∗innen, die am Fließband stehen, sondern die User, die Konsument∗innen, die Einzelnen, direkt an die Wissen-zu-Kapital-Transformationsmaschine Angeschlossenen. Unablässig generieren die User Content und Traffic, produzieren und konsumieren, und erzeugen so einen nicht enden wollenden Strom an Daten, den die Plattform kapitalisieren kann. Wie jene Armbanduhren, die allein durch die Bewegung ihres Trägers genug Energie zugeführt bekommen, um den inneren Mechanismus am Laufen zu halten, leben die Plattformen allein von unserer Aktivität. Ganz gleich, was wir zu sagen haben, Hauptsache, wir bleiben nicht stumm und inaktiv.

Die vom Internetpionier Jaron Lanier als »Sirenen-Server« bezeichneten Datensammelstellen der Plattform-Monopolisten beschäftigen nur eine verschwindend kleine Elite hochprofessioneller Expert∗innen. Dadurch zerfällt die Gesamtheit der Beschäftigten in zwei Klassen: auf der einen Seite die Klasse der Programmierer∗innen, die hochdotiert und hochmotiviert in Metropolen arbeiten, eine Art digitale »Arbeiteraristokratie« – als solche bezeichnete schon Marx den »bestbezahlten Teil der Arbeiterklasse«[36]. Wladimir Iljitsch Lenin machte den Begriff zu Beginn des 20. Jahrhunderts populär, als sich weite Teile der Arbeiterklasse der europäischen Länder den imperialen Zielen der Herrschenden untergeordnet hatten.[37] Ihnen gegenüber stehen die Millionen Klick-Arbeiter∗innen und digitalen Tagelöhner∗innen auf digitalen Arbeitsplattformen, die Logistik-

Beschäftigten, die ausgesprochen mies behandelt werden und zudem bald durch Drohnen und Roboter ersetzt werden.

Eine neue gesellschaftliche Betriebsweise

Der Digitale Kapitalismus der Plattformen kreiert zudem eine neue Form des »Arbeitskraftunternehmers«. In Analogie zu den doppelt freien Lohnarbeiter*innen – diese waren einerseits frei, ihre Arbeitskraft an den Meistbietenden zu verkaufen, andererseits auch frei von Besitz und Kapital und damit gezwungen, durch »den stummen Zwang der Verhältnisse«, wie Karl Marx das nannte, ihre Arbeitskraft zu verkaufen – ließe sich dieser neue Typus als »doppelt freie Unternehmer*in« titulieren: Sie ist frei in ihren sie selbst betreffenden unternehmerischen Entscheidungen, aber frei auch vom Besitz an Produktionsmitteln, verfügt sie doch meist nur über ein einziges Asset: ihr eigenes Humankapital. Selbst-Management, gepaart mit dem Zwang zur Ökonomisierung der eigenen Arbeitsfähigkeit und »Verbetrieblichung der alltäglichen Lebensführung«[38] sind die Folge.

Das klassische Erwerbsarbeitsmodell abhängiger Beschäftigung im Normalarbeitstag gerät unter Druck. Der britische Arbeitsforscher Mark Graham spricht von 70 Millionen Menschen weltweit, die auf digitalen Arbeitsvermittlungsplattformen ihre Dienste als Clickworker anbieten.[39] Neben den Milliarden Usern ist eine neue Klasse digital vermittelter Solo-Selbstständiger entstanden. Den 12.000 Angestellten bei Uber stehen geschätzte 3 Millionen Fahrerinnen und Fahrer gegenüber, die in einem der weltweit 72 Länder für Uber arbeiten – bzw. nicht *für* Uber, sondern *mit* Uber, wie die Sprachregelung des Unternehmens lautet. Diese sind nämlich nicht Angestellte, sondern selbstständige Vertragspartner*innen. Sie verfügen über ein Fahrzeug, für das sie selbst sorgen müssen, ebenso wie für sämtliche Aspekte der Daseinsvorsorge. Sie sind Einzelunternehmer*innen, die der übermächtigen Plattform gegenübertreten und auf Aufträge hoffen, die Algorithmen ihnen zuweisen oder auch nicht, auf die sie keinerlei Einfluss haben und deren Funktionsweise ihnen verborgen bleibt.

Das chinesische Uber-Pendant heißt Didi. Die chinesische Regierung hat kürzlich angekündigt, sie wolle im Zuge des Umbaus von Chinas fossiler Industrieökonomie hin zu einer grünen Netzwerkökonomie fast zwei Millionen Kohle- und Stahlarbeiter entlassen (in ihrer Mehrheit Männer), um diese in selbstständige Fahrer auf der Didi-Plattform zu verwandeln, man könnte auch sagen: zu Einzelunternehmern umzuerziehen.[40] Die in den 1960er Jahren in Kalifornien begonnene Hinwendung des Kapitals zum Cyberspace hat in der digitalen Plattformökonomie ein neues Reproduktionsmodell gefunden. Antonio Negri und Michael Hardt kamen bereits im Jahr 2000 in *Empire* zu dem Fazit, Algorithmen akkumulierten Reichtum durch die Extraktion des Wissens der Crowd[41] und knüpften an den von Karl Marx formulierten Gedanken der steigenden Bedeutung des allgemeinen Wissens der Menschheit in seiner gesellschaftlichen Funktion als unmittelbare Produktivkraft an, das dieser *general intellect* genannt hatte.[42]

Algorithmen werden zum entscheidenden Produktionsmittel, Daten zum zentralen Rohstoff und Information zur Ware Nummer eins. Die großen Digitalkonzerne haben mit ihren Dienstleistungen und Geschäftsmodellen rund um Algorithmen und Daten unsere Welt grundlegend verändert und einer neuen gesellschaftlichen Betriebsweise den Weg geebnet: dem Digitalen Kapitalismus. Der unter anderem von Joachim Bischoff verwendete Begriff »gesellschaftliche Betriebsweise« meint mehr als nur ein ökonomisches Modell. Sich dabei auf Marx' *Kapital* beziehend, stellt er fest: »Mit der Analyse gesellschaftlicher Betriebsweisen steht in der Marxschen Kritik der politischen Ökonomie immer ein ›ganzer Gesellschaftsmechanismus‹ zur Diskussion, der sich nur als ein Set von ökonomischen Grundstrukturen, sozialen Kämpfen und Rückwirkungen gesellschaftlicher Überbauten erschließt – einer ›bewußten und planmäßigen Rückwirkung der Gesellschaft auf die naturwüchsige Gestalt des Produktionsprozesses‹.«[43]

»Wegen der seit längerem sinkenden Profitabilität der Produktion hat sich der Kapitalismus den Daten zugewandt, als Möglichkeit, wirtschaftliches Wachstum und Vitalität angesichts des lahmenden Produktionssektors zu erhalten« fasst Nick Srnicek diese Hinwendung zu neuen Verwertungsmodellen zusammen.[44] Der deutsche Soziologe Wolfgang Streeck bemerkt, das Kapital sei zusehends unzufrieden geworden mit sinkenden Profitraten im produzierenden Gewerbe, habe klassischen Investments verstimmt den Rücken gekehrt und im Zuge dessen den Nachkriegskonsens beendet. Dem ehemaligen Direktor des Max-Planck-Instituts für Gesellschaftsforschung zufolge hätte es niemand für möglich gehalten, »dass es das Kapital sein könnte und nicht die Arbeit, das dem demokratischen Kapitalismus, wie er sich in den *trente glorieuses* entwickelt hatte, die Legitimation aufkündigen würde.«[45]

Der Kapitalismus erfindet sich wieder einmal neu, und er transformiert die Welt und uns Menschen, unsere Arbeit, unsere Beziehungen gleich mit. Karl Marx hat vor 150 Jahren zwar nicht den Digitalen Kapitalismus vorausgesehen, aber er hat den Kapitalismus an sich als »umwandlungsfähigen und beständig im Prozess der Umwandlung begriffenen Organismus«[46] charakterisiert – und damit auf eindrucksvolle Weise Recht behalten. Ein Informationskapitalismus ist entstanden, der nicht mehr die Verknappung von Gütern zur Voraussetzung hat, dessen zentrales Paradigma nicht mehr die Produktion und der Verkauf von Waren und Dienstleistungen ist, sondern die Organisation von Daten und Informationen, die Orchestrierung des Zugangs zu Wissen und die Kapitalisierung desselben.

Menschen lernen, Maschinen trainieren

Insbesondere im Bereich der Bilderkennung, beim autonomen Fahren oder bei Sprachassistenten, die natürliche Sprache verstehen und generieren können, sind erhebliche Fortschritte erzielt worden. Maschinelles Lernen wird immer weiter verbessert und schließlich auch zum ökonomischen Faktor – Amazon macht 35 Prozent seines Umsatzes durch Käufe, die durch das Klicken auf vorgeschlagene Produkte zustande gekommen sind.[47] Hinter Amazons Vorschlägen steckt eine »maschinelle Lernempfehlungsmaschine«, so die von einer weiteren KI, nämlich von Google Translate, generierte Übersetzung von *machine learning recommendation engine.*

Im Jahre 1959 brachte der amerikanische KI-Pionier Arthur Samuel einem Computer das Dame-Spiel bei und implementierte dabei die ersten selbstlernenden Verfahren. Spiele haben in der Geschichte des Computers schon immer eine große Rolle gespielt – als Testszenarien, aber auch als Werbemaßnahmen. Brettspiele wie Dame oder Schach, aber auch das Go-Spiel, sind durch einfache Regeln bestimmt, die in wenigen Zeilen Code implementierbar sind. Das Dame-Spiel ist dabei eines der einfachsten. Weiße und schwarze Steine werden abwechselnd auf einem 8x8-Brett platziert, Steine dürfen nur in diagonaler Richtung vorwärts bewegt werden, ein gegnerischer Stein kann durch diagonales Überspringen geschlagen werden, beim Schlagen gegnerischer Steine sind mehrere Züge in Folge erlaubt – solche Regeln lassen sich umstandslos in Programmcode überführen; ein Computerprogramm, das Dame regelkonform spielen kann, ist schnell geschrieben.

Doch wie bringe ich dem Programm bei, aus den formal korrekten Zügen denjenigen auszuwählen, der die besten Chancen bietet, das Spiel zu gewinnen? Der historisch zunächst verfolgte Ansatz lässt sich unter dem Begriff »brute force« zusammenfassen: Alle möglichen Züge und alle möglichen Folgezüge werden untersucht und nach vorgegebenen Kriterien bewertet, etwa nach der Anzahl eigener Steine und deren Nähe zum gegnerischen Ende des Brettes. Der Zug mit der höchsten Bewertung ist der beste. Diese Methode gerät jedoch schnell an ihre Grenzen, schon bei einer untersuchten Tiefe von wenigen Zügen steigt die Zahl der Möglichkeiten ins Unermessliche. Gebraucht werden also Strategien, die nur die aussichtsreichsten Züge untersuchen und bewerten.

Hier kommt das Konzept des Lernens ins Spiel: Die Ergebnisse vergangener Spiele fließen in die Bewertung der Stellungen ein. Wurde ein Spiel gewonnen, können entsprechend alle vorangegangenen Stellungen dieses Spiels positiver bewertet werden und umgekehrt. Das Programm wird besser, da es in Zukunft eher Positionen anstreben wird, die bereits in der Vergangenheit auf einem Gewinnerpfad lagen. Mit dieser Methode gelang es Arthur Samuel, sein Programm so zu trainieren, dass es nach nur acht Stunden Trainingszeit besser spielte als er selbst.

Samuel selbst prägte den Begriff *machine learning* für das Teilgebiet der Künstlichen Intelligenz, das auf Lernverfahren basiert. Mit der landläufigen Vorstellung von allgemeiner Künstlicher Intelligenz hat dieser Bereich wenig gemein, geht es doch meist darum, Software mit einer Menge an Daten zu füttern, damit diese bei der Bewältigung eng begrenzter Aufgaben im Laufe der Zeit besser wird. Oder, wie Arthur Samuel es formulierte, sie auszustatten »mit der Fähigkeit, zu lernen, ohne dafür explizit programmiert worden zu sein«.[48] Gemeint ist damit, dass der Programmcode nur die Regeln enthält, während die Qualität des Spiels durch die Daten geliefert wird, die in Bewertungen bestimmter Konstellationen eingehen, die vorher eben nicht existierten. Insofern kann das Programm im Laufe der Zeit besser werden, ohne dass sich an der zugrundeliegenden Programmierung etwas geändert hätte.

Drei Typen von Maschinen

Es gibt Maschinen, die nur für eine bestimmte Aufgabe konstruiert sind: Ein Haartrockner kann föhnen, sonst nichts. Ich kann ihn zwar zweckentfremden, also damit beispielsweise ein Türschloss enteisen, trotzdem hat er einen sehr eingeschränkten Anwendungsbereich – es handelt sich sozusagen um eine eindimensionale Ein-Zweck-Maschine. Diese nenne ich Typ1-Maschinen.

Dann gibt es Maschinen, die nicht nur ein Problem oder einige wenige lösen können, sondern ganze Klassen von Problemen, weil sie programmierbar sind: Mit einem neuen Programm ausgestattet, sind sie auch in der Lage, neue Probleme zu lösen. Diese Maschinen nennen wir Computer, deren theoretische Basis bzw. deren Aktionsradius schon Alan Turing beschrieben hatte. Die Anwendungsmöglichkeiten sind dabei im Prinzip unendlich, weil es ja unendlich viele Möglichkeiten gibt, Software zu programmieren – wir haben es demzufolge mit Viel-Zweck-Maschinen zu tun. Ich nenne sie Typ2-Maschinen. Typ2-Maschinen sind eine tolle Sache, täglich werden die Aufgaben mehr, die sie zu bewältigen in der Lage sind. Trotzdem haben sie die Eigenschaft, dass sie ein- und denselben Code immer nur exakt gleich ausführen, deshalb nennt man sie auch deterministische Automaten. Selbst nach der x-ten Ausführung des Programmcodes hat sich ihr Funktionsumfang nicht erweitert, sie liefern im Prinzip dieselben Ergebnisse – sehen wir einmal von Zufallszahlen ab. Sie sind mit der Zeit nicht besser geworden, aber auch nicht schlechter. Ada Lovelaces Argument, dass diese nicht in der Lage sein würden, über das in sie Hineinprogrammierte hinauszuwachsen, trifft absolut zu.

Typ3-Maschinen werden ebenfalls auf Computern simuliert, unterscheiden sich aber von Typ2-Automaten dadurch, dass sie durch maschinelles Lernen befähigt werden, bei ein und derselben Aufgabe im Laufe der Zeit veränderte und – so die Hoffnung – verbesserte Ergebnisse zu liefern im Zusammenspiel mit den Daten, mit denen sie gefüttert werden. Insofern sind Typ3-Maschinen keine deterministischen Automaten mehr, das Argument von Lady Ada gilt nicht mehr: Auf dieselbe Eingabe folgt bei gleichen Ausgangsbedingungen nicht notwendigerweise dieselbe Ausgabe bzw. dasselbe Ergebnis. Im Unterschied zu Maschinen vom Typ1 und Typ2 sind Typ3-Maschinen in der Lage, Aufgaben zu lösen, für die sie so nicht programmiert worden sind. Dazu muss die Software lernen, und lernen heißt, aus sehr vielen Daten Modelle abzuleiten.

Nehmen wir an, wir füttern Software mit den Bewegungsdaten einer Person. Diese geht werktäglich zur Arbeit, kauft ein, unternimmt Reisen, besucht Freunde. Nachdem eine gewisse Zeit vergangen ist bzw. eine Menge Daten angehäuft sind, wird die Software in der Lage sein, Voraussagen für zukünftiges Verhalten zu treffen. Und mit hoher Trefferquote voraussagen können, dass die Zielperson an einem Montag um neun Uhr ins Bad gehen wird. Sie hat ein Modell ihres Gegenstandes entwickelt und kann beinah jeden seiner Schritte vorhersagen, ohne zu wissen, was ein Mensch ist und ohne jegliches Verständnis dafür, was Arbeit oder Schlaf bedeuten. Von einer solchen einfachen KI-Anwendung kann erwartet werden, dass sie nach einer Weile ihr Modell so gut kennt, dass sie etwa zu der Aussage: »Musst du nicht heute zum Sport?« fähig ist. Aber auch die dystopische Anwendung scheint in diesem einfachen Beispiel auf: »Ich habe gerade deiner Versicherung mitgeteilt, dass du schon wieder nicht beim Sport warst.«

Geheimnis Lernen

Marvin Minsky, einer der Pioniere der KI und Teilnehmer des Gründungs-Hangouts am Dartmouth College, nannte Wörter, die eine Vielzahl an Bedeutungen haben können, »Kofferwörter« (*suitcase words*): Ein und derselbe Behälter (das Wort) kann ein ganzes Sammelsurium an Bedeutungen enthalten. »Lernen« ist ein solches Kofferwort, genau wie »Intelligenz« auch: Fahrrad fahren lernen, eine Sprache lernen, Programmieren lernen, ein Gedicht auswendig lernen, Schach spielen lernen, Tango tanzen lernen – immer ist von Lernen die Rede, dabei sind die Vorgänge jeweils denkbar unterschiedlich.

Wenn wir als Kinder unsere erste Sprache, die Muttersprache, lernen, dann sprechen wir nach, imitieren, sammeln, variieren, probieren aus, kurz: Wir lernen intuitiv. Bald beherrschen wir unsere Muttersprache, ohne explizit ihre Regeln zu kennen, ohne z. B. sagen zu können, was eine Partizipialkonstruktion ist. Ganz anders läuft in der Regel das bewusste Erlernen aller weiteren Sprachen, der Fremdsprachen ab: Wir eignen uns bewusst Vokabeln und Regeln an und prozessieren Input und Output, ganz wie eine deterministische Symbolverarbeitungsmaschine das auch täte, also Software, die ein Programm in formallogischer Sprache abarbeitet. Diese Form des Lernens bereitet uns viel mehr Mühe, und unsere Beherrschung der Fremdsprache reicht nie an die der Muttersprache heran. Die Unterscheidung zwischen Mutter- und Fremdsprache geht auf die Theorie des Zweitspracherwerbs des Linguisten Stephen Krashen zurück,[49] die dieser in den 1970er Jahren entwickelt hatte. Krashen differenziert darin prinzipiell zwischen dem bewussten grammatikalischen Prozess des Lernens (*learning*) und der Aneignung (*acquisition*) der Muttersprache durch Kinder. Es handelt sich um grundsätzlich verschiedene Lernprozesse, die im Übrigen auch in unterschiedlichen Hirnregionen stattfinden.

Wie Maschinen lernen, ist nicht zu vergleichen mit dem schwammartigen Aufsaugen von Information, deren Rekombination und Abstraktion, die wir von uns selbst kennen. Wenn wir hören, dass ein Computer den Schachweltmeister (1997) oder den weltbesten Go-Spieler (2016) schlagen kann, neigen wir dazu, davon auszugehen, die Computer hätten das Spiel gespielt »wie ein Mensch«. Natürlich haben diese Programme in Wirklichkeit keine Ahnung, was ein Spiel ist. Sie spielen es zwar besser, stellen sich aber gleich wieder ganz blöd an, sobald man die Regeln ein wenig ändert. Für einen Menschen ist das prinzipiell kein Problem, die KI hingegen muss wieder ganz von vorne anfangen mit dem Trainingsprozess.

Das Gehirn ist das komplexeste Organ und gleichzeitig die mächtigste Denkmaschine, die einzige bisher bekannte erfolgreiche Umsetzung einer Allgemeinen Künstlichen Intelligenz, man könnte es auch Typ4-Maschine nennen. Da liegt es nahe, einen Nachbau zu versuchen. Erste Konzepte für künstliche neuronale Netze (ANN, *artificial neural networks*) skizzierten der Neurophysiologe und Kybernetiker Warren McCulloch und der Mathematiker Walter Pitts schon 1943, ab 1954 gab es dann die ersten Umsetzungen auf Rechenmaschinen.

Unser Gehirn, das natürliche neuronale Netz par excellence, verfügt über 100 Milliarden Nervenzellen (Neuronen), deren Aufgabe darin besteht, neuroelektrische und neurochemische Signale aufzunehmen, zu verarbeiten und weiterzuleiten. Jedes Neuron ist wiederum im Schnitt über Synapsen mit stolzen 7.000 anderen Gehirnzellen verbunden. Demgegenüber nehmen sich die künstlichen Gehirne aus den Laboren eher bescheiden aus. Diese werden schon mit einigen 10 bis 100 Zellen, die mit jeweils wiederum 10 bis 100 anderen Zellen verbunden sind, betrieben und liefern dabei durchaus Ergebnisse. Wohlgemerkt, es handelt sich um auf Computern simulierte neuronale Netze, nicht etwa um Versuche, mit Biomasse das Gehirn nachzubauen. AlphaGo, die von der Alphabet-Tochter DeepMind entwickelte Software, die 2016 erstmalig beim komplizierten Go-Spiel einen Menschen schlug, verfügte über 17.328 Eingabe-Neuronen,[50] wohingegen selbst eine durchschnittliche Ameise eine Viertelmillion Nervenzellen vorweisen kann. Da ist noch viel Luft nach oben.

Ein neuronales Netz besteht üblicherweise aus drei Teilen: Aus der sogenannten Eingabeschicht, die alle Neuronen umfasst, die Eingangssignale weiterleiten, aus einer oder mehreren Schichten verdeckter Neuronen, die meistens nichtlineares Leitungsverhalten zeigen, und schließlich aus der Ausgabeschicht, die alle Signale der vorhergehenden Schichten zusammenfasst und ausgibt.[51] Die Verbindungen zwischen den Knoten sind gewichtet, d. h. sie sind mehr oder weniger stark ausgeprägt, diese Verbindungsgewichte sind zudem veränderbar. Die Neuronen aller Schichten sind mit ihren Vorgängern und Nachfolgern verbunden und darüber hinaus mit weiteren Schichten. Dies erlaubt die Implementierung von Lernen bzw. eines Gedächtnisses: Vorangegangene Ereignisse können Auswirkungen haben auf zukünftiges Verhalten – ein Rückkopplungseffekt.

Beim überwachten Lernen werden dem neuronalen Netz Ein- und Ausgabemuster vorgegeben: Der gewünschte Output zu einem gegebenen Input ist also bekannt, und kann zur Überprüfung des gelieferten Outputs dienen. Aus den Abweichungen mit dem gewünschten Ergebnis folgen Korrekturen für die Gewichte der Verbindungen. Ein Beispiel: Möchten wir ein Programm entwickeln, das auf Bildern Birnen erkennen kann, zeigen wir ihm viele Bilder mit Birnen und ggf. auch Bilder ohne Birnen, aber z.B. mit Äpfeln. Das Programm analysiert die Bilder und versucht, Gemeinsamkeiten aller Birnen-Bilder zu finden, z.B. die spezifische Birnenform oder einen Stiel an der Kopfseite. Irgendwann wird das Programm mit einer gewissen Toleranz in der Lage sein, Birnen-Bilder zu erkennen, die es noch nie zuvor gesehen hat. Es hat ein Modell davon entwickelt, was eine Birne ist. Bei neuen, unbekannten Bildern prüfte es von nun an, ob diese dem Modell entsprechen. Das

Programm weiß immer noch nicht, was eine Birne ist, hat aber ein Modell von ihr entwickelt: Birne ist für das Programm einfach ein Satz an Werten bestimmter Parameter. Es kann nun auch unbekannte Objekte klassifizieren: Birne oder Nicht-Birne.

Tiefes Lernen

Als Deep Learning wird der Teilbereich des maschinellen Lernens bezeichnet, der mit künstlichen neuronalen Netzen arbeitet und in dem die meisten derzeitigen Erfolge zu verzeichnen sind. »Deep Learning« und »künstliche neuronale Netze« werden dabei meist synonym verwendet. In den letzten Jahren wurde klar, dass Deep Learning sehr effektiv ist, um damit Computern Aufgaben wie Spracherkennung, Bildinterpretation, automatische Übersetzung und das Üben von Spielen wie Go beizubringen, die so etwas wie intuitives Wissen erfordern.

Das Konzept für Deep Learning – der Begriff wird meist synonym verwendet mit der Verwendung neuronaler Netze und in Anspielung auf dessen »verborgene« Schichten – ist vergleichsweise alt: Geoffrey Hinton und Kollegen erfanden das Prinzip der »Rückpropagation« (*back propagation*) vor über drei Jahrzehnten. Um bei diesem wichtigsten Verfahren zum Trainieren von künstlichen neuronalen Netzen deren verborgene Schichten sinnvoll optimieren zu können, muss zu allen Trainingsmustern die gewünschte Ausgabe bekannt sein – wir sprechen von überwachtem Lernen (*supervised learning*). Eine Voraussetzung dafür sind gelabelte (beschriftete) Daten.

Für die Bilderkennung bedeutet dies, dass jedes einzelne Bild, mit dem der Deep-Learning-Algorithmus gefüttert wird, von Hand gelabelt werden muss, also die Bildinhalte beschrieben werden müssen, z. B. »Katze mit Wollknäuel auf Sofa und Fernseher«, und zwar jeweils mit Angabe einer zugehörigen Begrenzung (*bounding-box*). Dieses Labeln der Input-Daten, das vielleicht mit der Verschlagwortung von Texten vergleichbar ist, ist ein sehr aufwendiger Prozess, der gegenwärtig noch immer von Menschen manuell organisiert und ausgeführt werden muss. Am Anfang überwachter maschineller Lernprozesse steht also ein immenser Kennzeichnungsaufwand.

Eine Unterkategorie des überwachten Lernens ist das bestärkende Lernen (*reinforced learning*). Hier kann die Maschine erst einmal drauflosprobieren und bekommt nachträglich Feedback: Das war gut, das war nicht so gut. Diese Methode kommt zum Beispiel beim maschinellen Erlernen von Computerspielen oder beim Roboter-Fußball zum Einsatz, oder wenn ein neuronales Netz lernen soll, die Sprache von Wörtern zu bestimmen. Die Ziele bzw. der Output sind bekannt, es werden aber keine Vorgaben gemacht, hier wird gewissermaßen nach der Trial-and-Error-Methode vorgegangen und ex post evaluiert.

Der KI-Experte Ethem Alpaydin meint, derzeitige »tiefe Netzwerke« seien nicht tief genug und weit von den Fähigkeiten unserer Sehrinde entfernt, um etwa komplexe Szenerien zu erfassen.[52] Um in begrenzten Kontexten abstrahieren zu können, z.B. handschriftliche Zeichen oder Objekte auf Bildern zu erkennen, reiche es gerade eben aus. Auch Geoffrey Hinton selbst hält heute gar nicht mehr so viel von seinem Prinzip und findet alle aktuellen KI-Fortschritte dementsprechend schal, wie er kürzlich dem Nachrichtenportal Axios gegenüber offenbarte.[53] Er hält diese Form überwachten oder angeleiteten Lernens mittlerweile für überholt und neue Formen nichtüberwachten Lernens für viel interessanter.[54]

Letzteres (*unsupervised learning*) ist relativ neu. Hier werden keine gelabelten Daten bereitgestellt, Bilder z. B. also ohne Beschriftung. Trotzdem sind neuronale Netze in der Lage, versteckte Strukturen, auffällige Muster oder wiederkehrende Formen in Datenstrukturen zu erkennen und dabei sogar Neuland zu betreten. Hier lässt sich einfach beobachten, was passiert, etwa wenn die Software in Bildern Strukturen erkennen soll, von denen wir nichts wissen bzw. die wir ihr nicht ex ante verraten. Es liegt auf der Hand, dass nichtüberwachte Verfahren auch ökonomisch interessant sind, entfällt doch der Labeling-Aufwand.

Dann gibt es noch den spannenden Bereich des nachahmenden Lernens (*imitational learning*). Hier werden ein bestimmtes Verhalten oder Handlungen vorgegeben, z.B. das Greifen von Gegenständen oder Auto fahren, und die Software versucht, das Gesehene zu imitieren. Algorithmen wird etwa die Beobachtung von menschlichen Testfahrer*innen überlassen, die die Software dann nachahmen soll. Deshalb werden die im Simulator gefahrenen Testkilometer zum Hauptkriterium des Erfolgs dieser Technologie.

Garri Kasparow berichtet in seinem lesenswerten Buch über seinen (verlorenen) Kampf gegen den Computer am Schachbrett von frühen Versuchen aus den 1980er Jahren, mit *machine learning* beim Königsspiel zu reüssieren. Forscher hatten ihr Programm mit hunderttausenden Partien von Schachgroßmeistern gefüttert, in der Hoffnung, die Software würde Modelle entwickeln und in den siegreichen Partien Muster erkennen.

Zunächst schien es zu funktionieren, die Bewertung von Stellungen war genauer als bei herkömmlichen Programmen. Als das Programm jedoch selbst spielte, verhielt es sich eigentümlich. Nach durchaus passablem Eröffnungsspiel opferte das Programm seine Dame, seine wertvollste Figur, um kurz darauf mit fliegenden Fahnen unterzugehen. Was war passiert? Wenn ein Großmeister seine Dame opfert, ist das fast immer ein brillanter und entscheidender Zug, der dann auch zum Sieg führt. Das Programm hatte dieses Muster klar erkannt. Es konnte nicht wissen, dass die Umkehrung nicht gilt: Die Dame opfern allein ist keine Garantie für den Sieg.[55]

Montagsmalen

In Mark Twains berühmtem Jugendroman *Tom Sawyer und Huckleberry Finn* von 1876 schickt Tante Polly Tom eines Morgens hinaus, um den Gartenzaun weiß zu tünchen. Etwas später kommt Ben Rogers vorbei, ein anderer Junge in Toms Alter. Tom überzeugt Ben, dass es eine spielerische Freude sei, einen Zaun zu streichen, und nach einigem Verhandeln willigt dieser ein, seinen Apfel einzutauschen gegen die Erlaubnis, den Pinsel in die Hand nehmen zu dürfen – ein frühes Beispiel für gelungene Gamification.

Wir zeichnen einen Totenschädel[56]

Die Firma Google hat immer mal wieder Zäune zu streichen, jüngst bat sie ihre »Freunde« – sprich uns alle –, doch an einer tollen Sache mitzuwirken, nämlich dem Trainieren einer ihrer Lernmaschinen, die gezeichnete Objekte erkennen soll. Also machte sich die halbe Welt daran, auf der Website quickdraw.withgoogle.com zu zeichnen. Entscheidend für die Qualität – sprich Geschwindigkeit und Zuverlässigkeit in der Erkennung von Objekten – sind möglichst viele unterschiedliche Trainingsbeispiele. Die Software ist schon ganz gut, sie erkennt teilweise schon nach zwei Strichen, was gemeint ist, etwa ein Hockey-Schläger oder ein Schneemann bzw. eine Schneefrau. Google lernt durch das Malspiel viel mehr als nur Zeichnungen zu erkennen. Zum Beispiel enthüllt dieses Experiment kulturelle Unterschiede: Anhand eines Kreises – zeichne ich ihn im Uhrzeigersinn oder dagegen – oder eines Schneemanns – zeichne ich ihn mit zwei oder drei Kreisen – kann die Software etwa mit hoher Wahrscheinlichkeit feststellen, ob ich aus dem asiatischen Raum komme, links- oder rechtshändig bin, jung oder alt, weiblich oder männlich. Voraussetzung dafür ist allein die Auswertung der Browser-Anfragen, die z. B. den Ort verraten, an dem sich die Person befindet. Ähnlich wie Tom Sawyers Freunde waren und sind viele Menschen bereit, für Google zu zeichnen, obwohl es dafür keine Bezahlung gibt, wir im Gegenteil mit unserer kreativen Leistung auch noch eine Fülle verwertbarer kultureller Daten liefern. Googles Mal-Spielwiese belegt eindrücklich den Zusammenhang von KI-Algorithmen und deren Training durch Userdaten: Wir füttern die Maschine, die uns später dann in Form von Anwendungen wieder begegnet. Google sagt Danke.

Unboxing Künstliche Intelligenz

Beim maschinellen Lernen analysiert ein Programm eine große Menge Daten, erkennt Strukturen und generiert Modelle, aus denen dann Schlussfolgerungen gezogen werden können. Die Ergebnisse von Sprach- oder Bilderkennung, das Fahrverhalten eines autonomen Fahrzeugs oder die Qualität natürlicher Sprachausgabe lassen sich noch vergleichsweise einfach auf Richtigkeit und Konsistenz überprüfen; wie gut ein Hautkrebs erkannt, ein Auto gelenkt oder ein Satz übersetzt wurde, lässt sich evaluieren.

Wie sieht die Sache hingegen aus, wenn es um Kreditempfehlungen, Bewährungsentscheidungen, aussortierte Bewerbungen oder abgelehnte Asylanträge geht? In solchen Fällen wird zum Problem, dass zwar das Ergebnis in lesbarer Form vorliegt, das Zustandekommen desselben jedoch nicht nachvollziehbar ist, nicht überprüft oder korrigiert werden kann. Felix Stalder schreibt in seinem Buch *Kultur der Digitalität*, selbstlernende Algorithmen seien »in vielen Fällen so komplex, dass sie sich nicht einmal im Nachhinein nachvollziehen lassen. Sie können nur noch experimentell, aber nicht mehr logisch überprüft werden.«[57] Immer öfter entsteht auf diese Weise eine Black Box, deren Output für das technische Personal nicht nachvollziehbar ist, geschweige denn für Normalsterbliche, die Öffentlichkeit oder Kontrollinstitutionen.

Black Boxes überall

Der Begriff Black Box ist dabei ein schillernder, der KI-Pionier Marvin Minsky hätte ihn bestimmt auch als Kofferwort bezeichnet, die Schriftstellerin Kathrin Passig hat dem Begriff eigens eine kleine Geschichte gewidmet.[58] Zunächst bezeichnet Black Box eine Apparatur, die etwas aufzeichnet oder ein Protokoll anlegt, wie z. B. Datenschreiber in Flugzeugen. Im Falle eines Unfalls wird die entsprechende Black Box (die allerdings nicht schwarz, sondern knallrot ist, damit sie besser gefunden werden kann) ausgelesen, um aus den Aufzeichnungen – so zumindest die Hoffnung – den Unfallverlauf rekonstruieren zu können. Black Boxes sind immer geschlossen, nicht durchsichtig, ihr Inneres bzw. ihr Mechanismus liegt im Verborgenen. Deshalb kann aus ihr leicht eine unheimliche, unergründliche, nicht nachvollziehbare Apparatur oder Instanz werden, der wir ohnmächtig gegenüberzustehen scheinen. Das passiert insbesondere dann, wenn diese Black Box Urteile oder Entscheidungen fällt, die uns unmittelbar betreffen.

Diejenige Black Box allerdings, die uns am nächsten ist, weil wir sie ständig mit uns herumtragen, ist unser eigenes Gehirn – das avancierteste neuronale Netz, das wir kennen (bzw. eben nicht kennen). Der Science-Fiction-Autor Stanislaw Lem schrieb, jeder Mensch sei ein »hervorragendes Beispiel eines Apparats, dessen wir uns bedienen können, ohne seinen Algorithmus zu kennen.«[59] Wenig ist bekannt über sein inneres Funktionieren; Neurobiolog*innen können nicht viel mehr als ungefähr in die richtige Richtung weisen, wenn etwa nach dem Sprachzentrum gefragt wird. Was die gespeicherten Inhalte und Modelle, die Art und Weise, wie wir aus Inputs Outputs generieren, angeht: Fehlanzeige. Wir sind laut Sigmund Freud ja sowieso nicht Souveräne in unserer psychischen Black Box.[60]

Algorithmen sind geheim – das steht in offensichtlichem Gegensatz zum Credo der digitalen Welt, wir sollen freigiebig mit unseren Daten sein. Frank Pasquale, Rechtsprofessor und Autor des einflussreichen Buchs *The Black Box Society,* hat auf diesen Widerspruch hingewiesen: »Während mächtige Unternehmen, Finanzinstitutionen und Regierungsbehörden ihre

Handlungen verbergen, wird unser Leben zusehends zum aufgeschlagenen Buch.«[61] Die Art und Weise, wie auf den Plattformen mit Daten verfahren wird, welche Algorithmen hier am Werk sind, welche Ziele hier zugrunde liegen, ist in der »Black-Box-Gesellschaft« geheim. Mit den Vorhersagen neuronaler Netze scheint es sich ähnlich zu verhalten, was deren Betreibern sehr zupass kommt, bzw. diese nicht weiter stört: Betriebsgeheimnis!

Die Geheimhaltung proprietärer Information, etwa über Patente, war schon immer Bestandteil des Kapitalismus. Derzeit nehmen allerdings Black Boxes überhand, Konzerne lassen sich immer weniger in die Karten, sprich: Algorithmen schauen, verschanzen sich hinter Verschwiegenheitserklärungen, Lizenzvereinbarungen und Nutzungsregeln. »Privacy is theft« lautet denn auch einer der Wahlsprüche des übermächtigen Daten-Konzerns Der Circle in Dave Eggers' gleichnamigem Near-Future-Roman – ein Motto, das an das anarchistische »Eigentum ist Diebstahl« erinnert, Proudhons Anklage gegen den Kapitalismus in vorinformationellen Zeiten.

Auch der Kapitalismus selbst wird ja gerne als Black Box beschrieben, die unsichtbare Hand des Marktes sei am Werk, die Finanzwirtschaft sei »notorisch undurchschaubar« (Alan Greenspan)[62], und gesellschaftliche Prozesse fänden hinter dem Rücken der Akteure statt, worauf bereits Karl Marx nicht müde wurde hinzuweisen. Bei Franz Kafka ist es die Gesellschaft als Ganzes, die dem ahnungslosen Einzelnen als Black Box gegenübertritt. In Kafkas *Prozess* wird Josef K. von einer hermetischen und unzugänglichen Behörde drangsaliert, die ihn selbst über das ihm Vorgeworfene im Unklaren lässt. Kafkas *Schloss* kann ebenfalls als Darstellung des frustrierenden, gescheiterten Versuchs gelten, mit einem opaken, willkürlichen Kontrollsystem zu verhandeln. Wenn wir schon bei Kafka sind, der ja mit seinem *Prozess* Weltruhm erlangte: Das Justizsystem ist besonders geeignet, als Black Box zu funktionieren.

Millionengeschäft Justizwesen

Insbesondere in den USA ist das System aus Strafverfolgung, Rechtsprechung und Gefängniswesen eine Branche, in der Milliarden umgesetzt werden. Als wichtiger Wirtschaftszweig und auch aufgrund der schieren Masse an Verfahren ist es ein bevorzugtes Feld für Rationalisierung und eines der vorrangigen Experimentierfelder für Künstliche Intelligenz. Eine Untersuchung der Obama-Administration stellte für das Jahr 2016 fest: »Insgesamt sind etwa 2,2 Millionen US-Amerikanerinnen und US-Amerikaner hinter Gittern, damit ist der Anteil der Inhaftierten an der Gesamtbevölkerung 4,5-mal höher als noch 1980.« Afroamerikaner sind dabei überrepräsentiert: Von 100.000 Einwohnern befinden sich 676 im Gefängnis, von diesen sind 40 Prozent schwarz, obwohl der Anteil der Schwarzen an der Gesamtbevölkerung nur 13 Prozent beträgt.[63] Laut den Daten des Justizministeriums für 2015 befinden sich allerdings, wenn man diejenigen einrechnet, die auf Bewährung draußen oder Freigänger sind, weit mehr Menschen in den Mühlen des Justizsystems, nämlich über 6,7 Millionen.[64] Zum Vergleich: In Deutschland befanden sich im August 2017 64.223 Gefangene und Verwahrte in Justizvollzugsanstalten, das ist ca. einer auf 1300 Einwohner. Um auf US-Niveau zu kommen (jeder 148ste), müssten über eine halbe Million (520.000) Menschen zusätzlich eingesperrt werden.[65]

Menschen in der Box

Nach einer Studie der Unternehmensberatung McKinsey ließen sich 23 Prozent der Tätigkeiten in der US-Rechtsprechung maschinell erledigen.[66] Auch der Rechtsprofessor Javier de Cendra, Dekan der IE Law School in Madrid, ist überzeugt: »Bereits die Hälfte aller Anwaltstätigkeiten kann heute automatisiert werden.«[67] Er betont, dass es sich bei vielen Tätigkeiten um »mechanische Arbeiten« handelt, deren Ablauf nicht von menschlicher Entscheidungsfähigkeit abhängt, sondern einzig und allein von einem durch das Gesetz vorgegebenen Prozess. In Großbritannien werden etwa Verkehrsdelikte, bei denen die Sanktion in einfacher Weise mit dem Vergehen verknüpft ist, automatisch abgeurteilt: 20 km/h zu schnell entspricht 20 Pfund Sterling. Für einen Algorithmus ein Kinderspiel.

Den formalisier- und algorithmisierbaren Charakter der Jurisprudenz und damit dessen Automatisierungspotenziale hatten implizit schon die Klassiker der Soziologie erkannt: Bei Max Weber ist der Richter ein bloßer Automat, in welchen die konkreten Fälle eingespeist werden (Input), worauf er diese in mechanischer Anwendung des Regelwerks der Gesetze prozessiert (Algorithmus) und schließlich das Urteil ausgibt (Output). Das Recht ist codiert in Form eines Sets allgemeiner Regeln (Code Civil heißt das Bürgerliche Gesetzbuch in Frankreich), welches auf den jeweiligen Fall (die Daten) angewendet wird. Der Richter ist die Inkarnation einer Maschine, die den Algorithmus abarbeitet. Die Schweizer Soziologin Bettina Heintz schreibt: »Formale Rationalität ist in den Augen von Max Weber das grundlegende Strukturprinzip der modernen abendländischen Gesellschaft. Berechenbarkeit und Orientierung an allgemeinen Regeln kennzeichnen das moderne Recht, die (staatliche) Bürokratie und den kapitalistischen Betrieb, um nur die drei Hauptbereiche formaler Rationalisierung zu erwähnen.«[68]

Big Data und Künstliche Intelligenz halten Einzug in die Rechtsprechung selbst, sie sollen dabei helfen, Fälle auf einer breiten Datengrundlage zu bearbeiten und mit fundierten Argumenten gewinnen zu können. Insbesondere bei der Gewährung von Kautionen oder Aussetzung von Untersuchungshaft und Entscheidungen über Strafvollzugsregimes müssen Richterinnen und Richter Entscheidungen treffen, die oft genug von Zufällen, Erfahrung (sprich: Äußerlichkeiten wie Hautfarbe) und einer dünnen Datenbasis abhängig sind. Kann Software hier helfen, frei von Vorurteilen (Bias) und mit mehr Daten bessere Entscheidungen zu treffen?

Viele Firmen bieten mittlerweile Software an, die den Richter*innen Entscheidungshilfen an die Hand gibt. Am bekanntesten ist vielleicht die Firma Northpointe und ihr Programm Compas (Correctional Offender Management Profiling for Alternative Sanctions) – das Microsoft Office der KI-gestützten Rechtsprechung. Die Software ist proprietär und wird lizenziert, das bedeutet, der Code ist nicht *open source*, die Algorithmen bleiben Geschäftsgeheimnis. Nur die Eigentümer der Software, also die Hersteller, nicht aber die Kunden, sprich die Behörden, wissen, wie die Software Entscheidungen trifft.

So auch im Fall Eric Loomis, der im Jahre 2013 für seine Beteiligung bei einer Schießerei im US-Bundesstaat Wisconsin verurteilt wurde. Der Richter stützte sich bei der Bemessung der Haftstrafe auch auf eine Risikoeinschätzung, die Compas aufgrund von Loomis' persönlichen Daten und der Auswertung von Verhören ermittelt hatte. Der Prozessrichter gab Loomis eine lange Haftstrafe, woraufhin dieser das Urteil anfocht mit der Begründung, die Risikoeinschätzung des Algorithmus sei nicht nachvollziehbar. Im vergangenen Sommer entschied das Oberste Bundesgericht gegen Loomis: Es war der Meinung, der Output des Algorithmus sei ein ausreichendes Maß an Transparenz.[69] Der in diesem Urteil zum Ausdruck kommende naive Glaube an die Neutralität der Technik ist erstaunlich, hat aber eine lange Tradition, denkt man etwa an die jahrzehntelange Popularität von Lügendetektoren in den USA.

Dem Lügendetektor hat die US-Serie *The Wire* ein unsterbliches Denkmal gesetzt. In der Eröffnungsszene der fünften Staffel der in Baltimore angesiedelten Polizeiserie gelingt es Detective Bunk, einem Verdächtigen ein Geständnis abzupressen. Mit Gaffa-Tape befestigt Bunk die Hand des Verdächtigen an einem gewöhnlichen Kopiergerät, dessen Papierreservoir mit Blättern, auf denen »wahr« oder »falsch« steht, präpariert wurde. Auf die Frage nach Namen und Adresse antwortet der Verdächtige wahrheitsgemäß, der »Lügendetektor«, dessen Kopiertaste Bunk jeweils betätigt, spuckt ein Blatt mit »wahr« aus. Auf die Frage nach der Beteiligung an einem Mord, beteuert der Verdächtige seine Unschuld, der Kopierer spuckt »falsch« aus. Der Verdächtige gesteht unter dem Eindruck des vermeintlich unfehlbaren Lügendetektors. Bunks Fazit: »Je größer die Lüge, desto eher glauben sie's.«[70]

Ganz nebenbei: Es ist fraglich, ob KI-Software überhaupt höhere Trefferquoten erzielen kann als traditionelle Methoden. Mehrere Studien kommen zu dem Ergebnis, bei Compas' geheimen *deep-learning*-Fähigkeiten müsse es sich um Fake handeln: In einer Studie wurden mit einem Algorithmus, der mit minimalen Daten wie Alter, Geschlecht und Vorstrafen einen Score errechnet, vergleichbare Ergebnisse erzielt. In einer anderen Untersuchung wurden 400 Freiwillige auf einer Crowdsourcing-Plattform mit der Aufgabe betraut, aufgrund weniger Daten eine Voraussage zu treffen. Ergebnis: Sie sagten die Rückfälligkeit der untersuchten Straftäter*innen mit einer Trefferquote von 67 Prozent voraus, und schnitten damit leicht besser ab als die Compas-Software, die nur 65 Prozent erzielte.[71]

Weder in den USA noch in der EU gibt es vorgegebene Standards oder eine verpflichtende Inspektion dieser Software, wie sie etwa bei der Zulassung von Medikamenten gang und gäbe sind. Dieser Mangel an Transparenz hat reale Konsequenzen.

Der *Wired*-Autor Jason Tashea fordert deshalb ein Moratorium für den Einsatz von KI in der Risikoberechnung, »bis Prozesse und Verfahren vorhanden sind, die eine sinnvolle Untersuchung dieser Instrumente ermöglichen.«[72]

Daniel Newman, Gründer und Principal Analyst von Futurum Research und einer der bekanntesten Experten für die Digitalisierung des Justizwesens in den USA, sieht eine Zukunft des maschinellen Lernens in der Bewertung von deutlich komplexeren Situationen: Sagt ein Zeuge die Wahrheit? Antwort auf diese Frage soll in Zukunft die Analyse von Bild- und Audiodaten liefern: Gesten, Stimmlage, Körperhaltung sollen durch den Einsatz KI-gestützter Analysetools ausgewertet werden – de facto eine Weiterentwicklung des Lügendetektors. Für Newman würde dieser Technologieeinsatz dazu beitragen, ein höheres Maß an Objektivität gegenüber den konventionellen Gerichten zu erreichen, die emotional stärker von den Parteien einer Klage beeinflusst werden.[73]

KI-Systeme werden mit Daten gefüttert, aus denen diese dann Muster erkennen und Schlussfolgerungen ziehen, um sie in die Lage zu versetzen, auch in zukünftigen, bis dato unbekannten Situationen adäquat reagieren zu können. Zu befürchten steht hierbei, dass Fehler, Verzerrungen oder diskriminierende Ungleichgewichte, die in den Daten enthalten sind, maschinell gelernt und daraufhin reproduziert oder sogar verstärkt werden. Ein aktuelles Beispiel aus Österreich zeigt das Dilemma algorithmischer Entscheidungen exemplarisch auf:

Der Arbeitsmarktservice – mit der deutschen Agentur für Arbeit vergleichbar – beauftragte die Synthesisforschung GmbH mit der Entwicklung einer Software, die die Vermittlungschancen seiner Kunden vorherzusagen in der Lage sein sollte. Die Agentur bekam Daten des Arbeitsamtes zur Auswertung geliefert und machte sich daran, ein statistisches Modell zu entwickeln, mit dem es die individuellen Arbeitsmarktchancen berechnet und in einem Arbeitsmarkt-Score abbildet. Auf Grundlage dieses Scores entscheidet dann der Arbeitsmarktservice über seine Ressourcenverteilung, etwa die Vergabe von Fortbildungen. Ziel der Kalkulation ist, vor allem jenen Jobsuchenden Kurse zu zahlen, die bessere Chancen am Arbeitsmarkt haben.

Schnell wurde klar, dass die Software Frauen grundsätzlich schlechtere Chancen einräumte, sie bekamen – ebenso wie Nicht-EU-Bürger – Punktabzug. Die Ursache war schnell gefunden, in der Dokumentation des Programmcodes fand sich folgende Zeile:

```
– 0,14 x GESCHLECHT_WEIBLICH.
```
[74]

Auch für Laien ist unschwer erkennbar, was diese Zeile bedeutet. Auf den Vorwurf der Diskriminierung von Frauen reagierten die offiziellen Stellen in voraussehbarer Art und Weise: Das gäben nun einmal die Daten her, Frauen hätten eben schlechtere Chancen am Arbeitsmarkt, und das fließe folgerichtig in den Algorithmus ein, berichtete die Journalistin Ingrid Brodnig.[75] Manchmal ist es ganz einfach: Positive Diskriminierung, *Affirmative Action*, ließe sich hier durch einen einfachen Vorzeichenwechsel in Zeile 2 der betreffenden Funktion hineinprogrammieren …

Bei Amazon scheint kürzlich etwas Ähnliches vorgefallen zu sein. Laut einem Reuters-Bericht[76] hat Amazon seit 2014 an einem System zur Automatisierung seiner Rekrutierungsprozesse gearbeitet, das Lebensläufe automatisch sortieren und die vielversprechendsten Kandidat∗innen auswählen sollte. Über Jahre wurde ein maschinelles Lernsystem mit den Lebensläufen erfolgreicher Amazon-Mitarbeiter∗innen gefüttert, woraufhin das System irgendwann in der Lage sein sollte, Kriterien für Top-Kandidat∗innen zu entwickeln. Die Tech-Industrie ist bekanntermaßen männlich dominiert und dementsprechend kamen die meisten dieser Lebensläufe von Männern. So verwundert es nicht weiter, dass sich die KI zu einer perpetuierenden Diskriminierungsmaschine entwickelt hatte. Sie hatte schnell gelernt, männliche Kandidaten den weiblichen vorzuziehen, die Absolventinnen von Frauenhochschulen herabzustufen und dergleichen. Amazon versuchte noch, das Problem zu beheben, aber die Software agierte wohl notorisch sexistisch und ließ sich auch nicht mehr von den einmal antrainierten Mustern abbringen. Daraufhin wurde das Projekt im Oktober 2018 sang- und klanglos eingestellt.

Auch die ehemalige Wall-Street-Programmiererin Cathy O'Neill konstatiert die wachsende Menge von Algorithmen, die unser Leben beeinflussen. »Die Entscheidungen, die unser Leben betreffen – wo wir zur Schule gehen, ob wir einen Autokredit bekommen, wie viel wir für die Krankenversicherung bezahlen – werden zunehmend nicht von Menschen getroffen, sondern von mathematischen Modellen«, schreibt sie in ihrem Buch *Angriff der Algorithmen*.[77] Aber Banken, Militär, Arbeitgeber und andere Anwender wollen sich hier ungern in die Karten schauen lassen bzw. ziehen sich auf die Position zurück, sie wüssten selbst nicht genau, wie die Entscheidungen ihrer Programme zustande gekommen seien, aber das werde schon seine Richtigkeit haben.

O'Neill fordert die Programmierenden selbst auf, mehr Verantwortung für ihre Algorithmen zu übernehmen und die politischen Entscheidungsträger*innen zu veranlassen, deren Verwendung zu regulieren. Letztendlich liege es an ihnen, zu denen sie sich selbst zählt, die Modelle, die unser Leben bestimmen, besser zu verstehen. In das gleiche Horn bläst auch die Bertelsmann-Stiftung, wenn sie einen Ethik-Codex für Entwickler*innen fordert.[78] Hier wird den Programmierer*innen jedoch viel zugemutet. Sind sie wirklich diejenigen, die a) den Überblick über die Mechanismen und Ziele der Algorithmen haben, an denen sie arbeiten, und b) auch noch die Macht und den Einfluss besitzen, um diskriminierenden Code oder einseitige Datensätze zu erkennen und zu verändern? Wohl kaum. Aber auch die Vorstellung, algorithmischer Bias würde durch männliche Programmier-Nerds unbewusst in deren Code ein-

fließen, überschätzt wohl die Spielräume derjenigen, deren Aufgabe es schließlich ist, nach strengen Regeln die Business-Logik ihrer Auftraggeber in ausführbaren Programm-Code umzusetzen.
Vielmehr reflektiert algorithmische Diskriminierung gesellschaftliche Realität. Die Forderung nach einem Programmierer-Ethos ist löblich und sollte eigentlich für alle Berufe gelten, ist insofern also auch einfach ein Allgemeinplatz, erinnert aber doch an die naive Forderung, Rüstungsarbeiter∗innen oder Supermarktkund∗innen sollten sich verweigern bzw. mit ihren Kaufentscheidungen Einfluss nehmen. Statt die Interessen der »Herren der Algorithmen«[79] gesellschaftlich zu debattieren und zu verändern, wird lediglich individuelles ethisches Verhalten bei den Konsument∗innen bzw. Programmierer∗innen angemahnt.

Der Ruf nach Regulierung

Ausgehend von der Forderung des Informatikers Nick Diakopoulos, Algorithmen sollten rechenschaftspflichtig sein[80] (d. h. es muss klar sein, wer für ihre Entscheidungen haftet), werden immer mehr Stimmen laut, die an dem zugrundeliegenden Ungleichgewicht etwas ändern wollen. Algorithmische Entscheidungsfindung (*algorithmic decision making*, ADM) gerät in den Blick. In Deutschland hat etwa die Initiative AlgorithmWatch diesen Gedanken aufgenommen. In ihrem *ADM-Manifest* formuliert diese NGO fünf Kernthesen über algorithmische Entscheidungsfindung.[81] 1. Diese sei nie neutral. 2. Die Schöpfer von ADM-Prozessen seien verantwortlich für ihre Resultate. 3. ADM-Prozesse würden nicht nur von ihren Entwicklern erschaffen. 4. ADM-Prozesse müssen nachvollziehbar sein, damit sie demokratischer Kontrolle unterworfen werden können. Von der Gesellschaft fordert AlgorithmWatch, diese Nachvollziehbarkeit herzustellen: durch eine Kombination aus

Technologien, Regulierung und geeigneten Aufsichtsinstitutionen. Die 5. und letzte Forderung schließlich lautet: »Wir müssen entscheiden, wie viel unserer Freiheit wir an ADM übertragen wollen.«

»Insofern Algorithmen wichtige Dinge in unserem Leben bestimmen, dann sollten wir auch wissen, wie sie funktionieren und was sie wirklich tun. Der Zugang zu ihrer inneren Funktionsweise wird als der wichtigste Hebel für eine Ethik oder Governance von Algorithmen angesehen.« So fasst der Soziologe Tobias Matzner den Diskurs um Rechenschaftspflicht von Algorithmen zusammen.[82] Nur wenn wir Zugang zu den zugrundeliegenden Modellen haben, können wir die Entscheidungen der KI nachvollziehen, kritisieren und korrigieren.

Neuerdings stimmen selbst die Großen der IT-Branche in den Regulierungsdiskurs ein. Brad Smith, Präsident von Microsoft und gleichzeitig Chefsyndikus des Software-Giganten aus Redmond, mahnt eine staatliche Regulierung von Gesichtserkennungs-Software an. Das wäre vor Kurzem noch undenkbar gewesen, stand doch die IT-Industrie bisher fest hinter dem Credo, dass alles, was gemacht werden kann, auch gemacht werden soll, und der Staat sich dabei rauszuhalten hat. »Aber eine Welt mit einer starken Regulierung von Produkten«, schreibt Smith in einem Firmen-Blog, »die nützlich, aber potenziell beunruhigend sind, ist besser als eine Welt ohne gesetzliche Standards.«[83] Die Tech-Industrie ist dafür bekannt, staatliche Eingriffe zu vermeiden, statt sie zu fördern. Der Aufruf zeigt, dass Microsoft sich abgrenzen will von anderen großen Technologiekonzernen, die in letzter Zeit in Datenschutzskandale verwickelt waren, allen voran Facebook, die Daten von Millionen Profilen an eine externe Firma, Cambridge Analytica, weitergegeben hatten, die diese wiederum zur Wahlbeeinflussung einsetzte.[84]

Auf EU-Ebene trat im Mai 2018 eine novellierte Datenschutzrichtlinie in Kraft, mit der das Europäische Parlament, der Rat der Europäischen Union und die Europäische Kommission den Datenschutz für alle Personen innerhalb der EU stärken und vereinheitlichen wollen, die Europäische Datenschutz-Grundverordnung (DSGVO). Die Verordnung sieht unter anderem erstmalig vor, Entscheidungen von Algorithmen transparent und nachvollziehbar zu machen. Absatz 22 der DSGVO besagt: »Die betroffene Person hat das Recht, nicht einer ausschließlich auf einer automatisierten Verarbeitung – einschließlich Profiling – beruhenden Entscheidung unterworfen zu werden, die ihr gegenüber rechtliche Wirkung entfaltet oder sie in ähnlicher Weise erheblich beeinträchtigt.«[85] Diese wegweisende Formel wird im Folgenden durch eine Reihe von Ausnahmen allerdings verwässert – sie wird etwa bereits ausgehebelt, wenn ein Teilprozess menschliche Interaktion enthält, also z.B. eine kurze Sichtprüfung oder Ähnliches stattfindet.

Die EU hat mit ihrem Alleingang was die DSGVO angeht wohl darauf spekuliert, dass das Beispiel Schule macht, bzw. dass es weltweit operierenden Firmen wie Facebook oder Google zu kompliziert werden könnte, ihre Services einmal für den europäischen Binnenmarkt und für den Rest der Welt anders, sprich laxer zu gestalten. Geht das Kalkül auf, könnte die DSGVO zum weltweiten Maßstab werden; der kleinen EU mit ihren 500 Millionen Einwohner*innen wäre ein Coup gelungen gegen die Daten-Goliaths.

Das scheint sogar zu funktionieren, jedenfalls überraschte Apple-Chef Tim Cook Ende Oktober 2018 die Öffentlichkeit mit einem flammenden Plädoyer für Datenschutz.[86] Moderne Technologie habe die Schaffung eines »Daten-Industrie-Komplexes« ermöglicht, der dazu führte, dass unsere Daten »mit militärischer Effizienz gegen uns verwendet werden«, sagte Cook – das klingt fast wörtlich nach den »mathematischen Effizienzwaffen«, wie Cathy O'Neill KI-gestützte Algorithmen bezeichnet. »Diese Bestände an persönlichen Daten dienen nur dazu, die Unternehmen, die sie sammeln, zu bereichern. Das sollte uns sehr beunruhigen«, fügte er hinzu. Er forderte vier Prinzipien des Datenschutzes, die zukünftige Gesetze enthalten sollten: das

Recht, die Sammlung personenbezogener Daten zu minimieren, das Recht für Benutzer*innen zu wissen, welche Daten über sie gesammelt werden, das Recht, auf diese Daten zuzugreifen, und das Recht, dass diese Daten sicher aufbewahrt werden.

Cooks Forderungen – sicher auch ein Marketing-Manöver gegen die Konkurrenz von Google und Facebook – gehen sogar noch über die DSGVO hinaus, wenn er das Grundprinzip des Datenschutzes, die Datensparsamkeit – also die Maßgabe, so wenig Daten wie möglich überhaupt erst zu sammeln – explizit in seine Liste aufnimmt. Das Credo des datenextraktiven Kapitalismus »Erst sammeln, dann fragen», also zunächst alle erreichbaren Daten anlasslos zu sammeln und zu speichern, und erst im Nachhinein nach Anwendungen und Verwertungsmöglichkeiten zu suchen, ist mit der DSGVO durchaus vereinbar. Erst wenn es um die Nutzung geht, sieht diese strengere Regeln als bisher vor. Eines wird allerdings hier ganz deutlich: Die plattformkapitalistischen Unternehmen selbst wollen ein geebnetes Spielfeld, einen regulierten Markt, gar Transparenz und Rechenschaftspflicht, wenn nur das Geschäft ungestört weiterlaufen kann …

Überwachen und Strafen 2.0

Algorithmen sollten aber grundsätzlich rechenschaftspflichtig sein. Sie sollten transparent sein, d.h. ihre Entscheidungen sollten nachvollziehbar sein, es sollte verantwortliche Ansprechpartner geben. Datenschutzrechte wie Einsicht in die Daten und Entscheidungen sowie Einklagbarkeit sollten gewährleistet sein. Allerdings reicht Transparenz bei Weitem nicht aus.

Was hätte wohl Michel Foucault zu all dem gesagt? Heutige Datensammlungs- und Überwachungsmechanismen hätten ihn sicher beeindruckt in ihrer Breite und technologischen Ausgereiftheit, die zu seiner Zeit noch undenkbar waren, denken wir etwa an die umfassende automatisierte Komplettüberwachung des globalen Datenverkehrs durch die NSA. Bei Foucaults Analysen in *Überwachen und Strafen,* einem seiner Hauptwerke, stehen aber gar nicht in erster Linie das Überwachen und Strafen durch Autoritäten im Vordergrund, sondern die internen Prozesse, die die entsprechenden »Dispositive der Macht« in uns auslösen, ohne dass diese direkt aktiv werden müssten: Sie setzen auf unsere Bereitschaft, uns selbst zu überwachen.

Welche Subjektivierungsprozesse setzten heutige Technologien frei? Im Anschluss an Foucault hebt Tobias Matzner hervor: »Der Algorithmus und die Daten, die er verarbeitet, konstituieren das Subjekt überhaupt erst.«[87] Schon die implizite Annahme jeder Datensammlung, sie sei grundsätzlich in der Lage, eine Person adäquat zu repräsentieren, ist problematisch. Klassifizierende Urteile führten zu einer »Konstitution des Individuums als beschreibbares, analysierbares Objekt«.[88] Die beiden Medienwissenschaftler*innen Bianca Prietl und Daniel Houben schreiben: »Soziotechnische Praktiken und Prozesse der Überführung sozialer Wirklichkeit in (vorgeblich) objektivierende Datenstrukturen und die Nutzung dieser Daten werden zunehmend ubiquitär und dabei konstitutiv für die Strukturierung und Reproduktion der Gegenwartsgesellschaft.«[89]

Eine a-priori-Diskriminierung findet zudem schon dann statt, wenn die eine Gruppe Daten über die andere sammelt: Die Menschen, deren Daten gesammelt werden, werden bereits als Analysierte, dem Datenblick Ausgesetzte markiert; Hierarchie entsteht hier durch den beobachtenden Blick der einen auf die anderen. Die Forderung nach der Offenlegung von Daten stellt nicht in Frage, ob es überhaupt gerechtfertigt ist, Daten zu sammeln, und diese mit Algorithmen zu verarbeiten, und fragt auch nicht, wer datafiziert bzw. wer datafiziert wird!

Wenn auf einem Formular »Geschlecht m/w« steht, ohne weitere Auswahl, muss ich mich für eins von beiden entscheiden. Wird auf einem Visa-Antragsvordruck, wie z. B. bei der Einreise in die USA nach der »Religion« gefragt, bezeichnen sich viele als christlich, weil sie vielleicht getauft sind oder

Angst haben, Repressalien ausgeliefert zu sein, wenn sie »none« schreiben, was als Option auf dem Formular gar nicht vorgesehen ist. Die Antwort »keine« ist da schon durch die Fragestellung diskriminiert. Ganz zu schweigen von deren algorithmischer Verarbeitung: Vielleicht bin ich nicht der, den die Algorithmen aus meinen Daten produzieren? Der Soziologe Steffen Mau nennt Algorithmen »zentrale Instrumente der Bedeutungsmacht«, deren eigentliche Macht darin bestehe, dass »sie einzelnen Inputfaktoren eine spezifische Bedeutung zumessen können, und dass sie spezifische Modi der Selektivität, Verarbeitung und Komplexitätsreduktion anwenden.« Entsprechend bezeichnet er sie als gleichsam »in Syntax überführte Manifestationen von Bedeutungsmacht.«[90]

Die Rückkopplung der Überwachung auf das Subjekt ist ein alter Hut: Ich verhalte mich anders, wenn eine Kamera da ist, auch wenn diese gar nicht funktioniert. Die weitverbreitete Haltung, die sich in einem schulterzuckenden »Ich hab nichts zu verbergen« ausdrückt, ist keineswegs neutral, sie wirkt sich direkt auf diejenigen aus, die das nicht sagen, auch wenn sie »unschuldig« sind. Aus Sozialen Medien ist das Phänomen der Schattenprofile bekannt: Auch über Personen, die beim jeweiligen Netzwerk gar nicht angemeldet bzw. selbst aktiv sind, werden auf dem Umweg über Dritte Daten gesammelt, die oft ein recht genaues Bild etwa eines Facebook-Verweigerers ergeben. Alle, auch diejenigen, die nichts zu verbergen haben, werden zu Regelbrechern in Potenz: Der überwachte Mensch, über den Daten gesammelt werden, ist grundsätzlich verdächtig. Es ist nur noch eine Frage der Zeit, bis sich die angelegte Eventualität manifestiert, das Echo aus der Realität zurückschallt auf den Ruf der Daten. Der Mensch, der überwacht wird, wird zum Verbrecher auf Abruf.

Unboxing ist gut, aber nicht gut genug

Dass Daten über uns gesammelt und prozessiert werden, ohne dass wir ausreichend Einblick darüber bekommen, wann und wo das geschieht, ist hinreichend problematisch. Erst recht, wenn aufgrund dieser Datensammlungen in schwarzen Kisten Entscheidungen getroffen werden, zudem noch von Algorithmen, die Fremde programmiert haben mit dem Ziel, Prozesse zu optimieren, die uns zum Gegenstand haben bzw. uns als Subjekt konstituieren. Die Forderung nach Kontrolle in Form der Öffnung von Black Boxes, nach Transparenz und Einblick in Überwachungstechnologien ist angesichts dieser Mechanismen offenbar ein richtiger, aber auch begrenzter, bei Weitem nicht ausreichender Ansatz. Lassen sich Machtverhältnisse, Diskriminierung, Bias am Quellcode von Software ablesen? Schwerlich. Der Opening-Black-Boxes-Ansatz greift zu kurz, er kann Machtstrukturen und Praktiken zwar identifizieren – bekommt aber deren Ursachen nicht in den Blick.

Vor allem dann nicht, wenn, wie gesehen, Microsoft und Apple für Regulierung sind und Google beteuert, so gut wie alles, was sie produzierten, sei doch *open source*: Allein in den letzten zehn Jahren wurden über 2000 Open-Source-Projekte erstellt, das meist verbreitete Betriebssystem für mobile Endgeräte aus dem Hause Google, Android, ist vielleicht das bekannteste.[91] Auch im Bereich KI setzt Google auf Offenheit; die Firma hat z.B. TensorFlow entwickelt, eine Grundlagentechnologie im Bereich des maschinellen Lernens, die in vielen kommerziellen Produkten von Google zum Einsatz kommt, wie z.B. der Analyse von Street-View-Aufnahmen. 2015 wurde das Projekt unter einer Open-Source-Lizenz veröffentlicht. Innerhalb kurzer Zeit erfreute sich das TensorFlow-Projekt bei KI-Forscher*innen und Datenwissenschaftler*innen wachsender Beliebtheit.

Google hat einen Ethik-Kodex für Künstliche Intelligenz entwickelt. Die Ankündigung des Kodexes erfolgte im Anschluss an erhebliche interne Proteste gegen die Nutzung der KI-Technologie von Google durch das US-Verteidigungsministerium mit dem Ziel, die Genauigkeit von Drohnenangriffen zu verbessern (»Project Maven«).[92] Das von Sundar Pichai, Googles CEO, als Blog Post veröffentlichte Manifest für »nicht böse KI« führt unter anderem folgende Punkte auf: KI soll der Gesellschaft zugutekommen, algorithmische Diskriminierung vermeiden, die Privatsphäre respektieren, auf Sicherheit getestet sein, der Öffentlichkeit gegenüber rechenschaftspflichtig sein, wissenschaftlicher Strenge genügen und darüber hinaus Dritten zu gleichen Bedingungen zur Verfügung stehen.[93] Open Source, Regulierung, ethische Prinzipien – was will man mehr?

Google hat gerade die Vollversion der Richtlinien für die Bewertung der Suchqualität aktualisiert, ein 164-seitiges Dokument, das Googles Such-Expert*innen dabei helfen soll, die von ihnen getesteten Suchergebnisse zu bewerten.[94] Googles Richtlinien für die Suche (*search guidelines*) legen penibel dar, was wie gewichtet wird und was Google unter »good content«, unter qualitativ hochwertigen Inhalten, versteht.[95] Da Google in vielen Weltregionen Monopolist bei der Web-Suche ist, kommt dieses Dokument einem Grundlagendokument, ja der oft – z. B. vom Erfinder des WWW, Tim Berners-Lee – geforderten Verfassung des WWW gleich.

Was von der Diskussion um Open Black Box nicht gesehen wird, sind die Machtverhältnisse und performativen Praktiken: Wie die Software tatsächlich in Organisationen eingesetzt wird, welche versteckten Regeln und ungeschriebenen Gesetze (*soft laws*) es gibt, entzieht sich der *Openness*-Debatte. Auch der in seinen Details geheim gehaltene Suchalgorithmus von Google ist in wesentlichen Grundzügen bekannt, seine Offenlegung würde an Googles Marktmacht wohl nichts ändern, es allerdings Webseitenbetreibern erleichtern, diesen auszutricksen. Doch seine Veröffentlichung würde Google nicht unbedingt aus der Ruhe bringen, haben sie doch ihre Monopolstellung eher ihren angesammelten Daten als der konkreten Ausgestaltung des Algorithmus zu verdanken.

Algorithmen sind gesellschaftlich relevant, ihre Offenheit, Transparenz, Nachvollziehbarkeit ist keine technische, sondern eine politische Frage. Als Mindestkriterium für Algorithmen könnte gelten, dass sie jedenfalls weniger diskriminierend sein müssen als die Menschen, die sie ersetzen. Ihre Betreiber sollten auch beweisen können, dass sie bessere, sprich zuverlässig weniger diskriminierende Ergebnisse liefern als menschliche Vergleichsgruppen. Künstliche Intelligenz – wie übrigens Technologie überhaupt – sollte den Menschen nützen. Das ist durchaus schwammig und dehnbar, aber doch klar genug, um dem Geraune um Black Boxes, undurchdringliche Algorithmen und dunkle Mächte einen Riegel vorzuschieben.

Künstliche Intelligenz für alle

Mit dem Auftreten sprachgesteuerter digitaler Assistenten beginnt eine neue Phase im Verhältnis zwischen digitalen Plattformen und ihren Nutzer*innen: Gestützt auf *conversational interfaces*, sprachgesteuerte Dialogschnittstellen, sollen diese als ständige Begleiter eine noch innigere Beziehung mit ihnen aufnehmen. Ziel ist es, dabei die Gespräche zwischen den beiden so natürlich wie möglich zu gestalten; die User sollen sich ganz normal mit ihnen unterhalten können. KI-Technologien sind dabei zentral – sowohl für das Funktionieren dieser neuen Nutzerschnittstellen als auch für das Data Mining, die plattformkapitalistische Ausbeutung der von ihnen gelieferten Daten. 2011 tauchte erstmals Siri auf der iOS-Version in Apples iPhone 4S auf. 2012 zog Googles Android-Betriebssystem nach und lancierte seinerseits einen Assistenten – zunächst unter dem Namen Google Now, später dann in Google Assistant umbenannt. 2014 debütierte Amazon mit Alexa, 2015 tauchte dann Microsofts Cortana auf dem Markt auf, und seit 2017 können Nutzer*innen von Samsung-Handys den sprachgesteuerten Assistenten Bixby nutzen.

Auffallend ist, dass die Assistenten überwiegend Frauennamen tragen und als weiblich empfundene Stimmen aufweisen. Neben den im Consumer-Bereich bekannten und schon genannten sind das im geschäftlichen Bereich z. B. Aida und Amelia. Diese beiden Chatbots werden von der schwedischen Bank SEB AG jeweils für die Kundenkontakte und für die Mitarbeiterkommunikation eingesetzt,[96] und die Unternehmensberatung Accenture bringt eine virtuelle Hypothekenberaterin namens Colette an den Start, die in der Lage sein soll, 80 Prozent des Aufgabenbereichs menschlicher Kolleginnen zu bewältigen.[97]

Für Holger Schulze, Professor an der Universität Kopenhagen und Leiter des dortigen Sound Studies Lab, sind diese künstlichen Helfer »die neuen Dienstmägde«.[98] Im Kundenkontakt und bei der Pflege sind sie gerne weiblich designt, wenn es aber rauer wird, es z. B. auf die Baustelle oder in den Krieg geht, dann hören sie auf Namen wie »Atlas«, »Agilus«, »Fortec« und dergleichen, sind breitschultrig und alles andere als »sweet« – Roboter und Assistenten, die sich gerne schmutzig machen. Auch in der künstlichen Welt reproduzieren sich, wie sollte es auch anders sein, einfältige Stereotype.

Conversational Interfaces

Zwei Unternehmen teilen hier fast den gesamten Markt unter sich auf: Google und Amazon. Derzeit nutzen ca. eine Milliarde Menschen bereits entsprechende Geräte; Prognosen gehen davon aus, dass sich diese Zahl in den nächsten drei Jahren nahezu verdoppeln wird – auf 1,8 Milliarden.[99] Platzhirsch ist hierbei eindeutig Amazon: Alexa konnte sich seit der Einführung zum Marktführer für KI-gesteuerte, Hardware-gebundene Sprachassistenten für zu Hause etablieren – nicht zuletzt dank einer massiven Werbekampagne und beispiellosen Anstrengungen im Bereich Forschung und Entwicklung. Tausende arbeiten bei Amazon intensiv an der Optimierung von Spracherkennung und -generierung sowie an Marketingkonzepten für die auf natürlicher Sprachinteraktion beruhenden neuen Geräte. Der MIT-Journalist George Anders berichtete kürzlich von einem Treffen mit dem Leiter der KI-Abteilung von Amazon, Rohit Prasad. Auf die Frage, warum er so viele Leute brauche und wann sein Forschungsteam denn komplett sein würde, antwortete Prasad: »Ich muss über jeden Aspekt Ihrer Frage lachen.«[100]

Die Computergeschichte ist auch eine Geschichte der Nutzerschnittstelle: Lochkarten, Tastatur, Maus, Multi-Touch –

jedes dieser Interfaces ist eng verknüpft mit einer bestimmten Phase der Computer-Nutzung. Neue *User Interfaces* eröffnen auch andere Nutzungsweisen, Anwendungen und Geschäftsmodelle. Steve Jobs hatte das klar erkannt und verkündete bei der Weltpremiere des iPhones: »Ab und zu taucht ein revolutionäres Produkt auf, das alles verändert. Die Maus, das Klick-Rad, Multi-Touch. Jede dieser revolutionären Schnittstellen hat ein revolutionäres Produkt erst ermöglicht.«[101] Digitale Sprachassistenten schlagen ein neues Kapitel in der Geschichte der Nutzerschnittstellen auf. Nicht nur im Home-Bereich, auch im autonomen Auto der Zukunft, für die Interaktion mit Geräten in allen Lebenslagen (*Internet of Things*), auch in den Bereichen Industrie, Logistik und Transport wird natürliche Sprache als *User Interface* an Bedeutung gewinnen. »Bis jetzt haben wir uns auf die Technik eingestellt, auf Tippen oder Wischen. Demgegenüber stellen sich die neuen Benutzerschnittstellen auf uns ein«, erläutert Ahmed Bouzid, Chef von Witlingo, einer Firma, die auf sprachgesteuerte Apps spezialisiert ist.[102] Natürliche Sprache als bidirektionaler Kommunikationskanal mit einem Gerät – das ist das Interface der nächsten Welle; im Zuge dieser Entwicklung wird das Smartphone als wichtigstes digitales Gerät möglicherweise seine Dominanz einbüßen. Die Analysten von comScore vermuten, dass im Jahr 2020 bereits jede zweite Suchanfrage als Spracheingabe erfolgen wird.[103]

Historische Vorläufer gab es schon einige. Der Haushaltsgerätehersteller Westinghouse präsentierte 1937 auf einer Messe den sprechenden Roboter »Elektro, den mechanischen Mann«: Er war 2,20 m groß, konnte gehen, sprechen und rauchen! 48 Relais, 11 Motoren, ein Mikrofon, eine Gitterglühröhre und Verstärker versetzten das Ungetüm in die Lage, bis zu 700 Wörter auszusprechen, die von einer Schallplatte abgespielt wurden, womit er also einen ersten, allerdings eher unhandlichen persönlichen Sprachassistenten darstellte. Die umgekehrte Richtung, das Zuhören, findet sich bereits in einer sinisteren Erfindung aus dem Spätmittelalter: Im umfangreichen Werk des Erfinders und Universalgelehrten des 17. Jahrhunderts Athanasius Kircher findet sich die Beschreibung eines frühen Abhörgeräts. Ein an öffentlichen Orten zu platzierender Trichter sollte wie ein Mikrofon Gespräche über ein Verbindungsrohr zum Mund einer Statue leiten. Seine *Statua citofonica* sollte in den Gemächern von Adeligen oder Vermögenden platziert werden, auf dass die Herren das Geschehen auf dem Platz belauschen können sollten. Kate Crawford und Vladan Joler schreiben in ihrer Analyse von Amazons Alexa-Ökosystem über dieses frühe Lausch-Dispositiv: »Kirchers sprechende Statue war eine frühe Form der Informationsextraktion für die Eliten – Menschen, die auf der Straße redeten, hatten keine Ahnung davon, dass ihre Gespräche zu denjenigen weitergeleitet wurden, die dieses Wissen für ihre eigene Macht, Unterhaltung und Bereicherung ausnutzten.«[104]

Der Spion zu Hause?

Amazons Echo-Lautsprecher ist ständig auf Horchposten, Kircher wäre beeindruckt gewesen von dieser modernen Inkarnation seiner Statue. Die KI-gesteuerte Assistentin, die auf den Namen Alexa hört, darf nicht verpassen, wenn sie angesprochen wird: »Alexa, wie spät ist es?« Über Alexa können Bestellungen aufgegeben, z.B. Lebensmittel geordert werden, es kommt also ein Vertrag zustande, bei dem geklärt sein muss, wer diesen »unterschreibt«. Deshalb muss das Gerät auch in der Lage sein, Nutzer nach ihrem individuellen Klang zu identifizieren; zu diesem Zweck werden personalisierte Stimmprofile gespeichert. Es ist Alexa also möglich, nicht nur Gespräche selbst bei hohem Umgebungslautstärkepegel zu verstehen, sondern das Gesagte auch einzelnen Personen individuell zuzuordnen – das schlägt jede konventionelle Abhörtechnik um Längen. Hier kommen die sieben Mikrofone, KI-Technologien zur Sprachanalyse und personalisierte Nutzerprofile, über die Amazon verfügt, zusammen.

Holen wir uns mit den Assistenten für zu Hause also Spione ins Haus? Die Hersteller weisen diesen Vorwurf von sich, sie beteuern, Audiodaten würden nur verarbeitet, wenn der Assistent durch ein Schlüsselwort – »Hallo Alexa« bei Amazons Echo, »Ok Google« oder »Hey Siri« bei der Konkurrenz von Google und Apple – aktiviert würde. Das gelte auch nur für die unmittelbar nach dem Stichwort folgende Anweisung. Trotzdem muss das Gerät Tag und Nacht lauschen, um eben genau dieses Schlüsselwort nicht zu verpassen. Diese Geräte funktionieren nur mit einer ständigen Verbindung zu den Servern der Anbieter, das Gerät selbst beherrscht nur Sprachaufnahme und -wiedergabe sowie einige grundlegende Konfigurationen. Das macht das Gerät sehr sicher gegenüber Angriffen von außen, etwa durch Hacker, weil der »Großteil der Logik hinter den Kulissen auf den Amazon Cloud-Servern stattfindet«, schreiben die Autor*innen einer Sicherheitsanalyse des Amazon Echo, die am MIT erstellt wurde.[105]

Der Audio-Datenstrom besteht überwiegend aus Datenmüll: Musik, Gespräche, Schnarchen, Umgebungsgeräusche etc. Demgegenüber sind Userdaten, die die Plattformen über die Benutzung von Online-Angeboten und Smartphone-Apps erhalten, wesentlich schlanker und viel leichter und direkter nutzbar. Ein Szenario der Totalüberwachung mag daher unrealistisch erscheinen. Der *SZ*-Autor Marvin Strathmann relativiert entsprechende Befürchtungen mit einem anderen Argument: »Wenige Unternehmen werden so misstrauisch beäugt wie Amazon und Google. […] Für die Firmen ist das Risiko viel zu groß: Sollte ein IT-Sicherheitsforscher herausfinden, dass Millionen Menschen heimlich ausspioniert werden, wäre sämtliches Vertrauen schlagartig verspielt.«[106]

Die Problematik versehentlicher Aufnahmen ist ebenfalls breit diskutiert worden. »Hallo Alexander« oder »OK. Gut gegurgelt« könnten die Software unbeabsichtigt triggern. Dann zeichnen die Mikrofone Geräusche und Unterhaltungen auf, die nicht für sie bestimmt sind. Zu einiger Berühmtheit gelangte ein kleines Mädchen aus Kalifornien, dem es gelang, mit dem Satz: »Alexa ordered me a dollhouse« ein Puppenhaus bei Amazon zu bestellen, sehr zu ihrer Freude vermutlich. Als Minderjährige war sie jedoch nicht befugt, einen Kaufvertrag abzuschließen – die Personenidentifizierung des Audiostreams hatte da wohl einen schlechten Tag. Über dieses Ereignis wurde ausgiebig in den Medien berichtet, unter anderem im lokalen Fernsehen *California Television Channel CW-6*, was zu einer regelrechten Kauforgie führte: Mithörende Echo-Devices in den Haushalten der Zuschauerinnen und Zuschauer lösten ihrerseits Bestellungen für Puppenhäuser aus.[107]

Im Oktober 2018 bekam Amazon ein Patent für zielgerichtete Audiowerbung zugesprochen, das den Titel »Sprachbasierte Bestimmung der physischen und emotionalen Eigenschaften von Benutzern« trägt. Der smarte Sprachassistent des Unternehmens soll den Audiostream seiner Nutzer daraufhin untersuchen, ob er Indizien für eine Erkrankung feststellen kann. Stimmäußerungen wie Husten oder Heiserkeit ließen Rückschlüsse auf die körperliche Verfassung zu, so werden etwa Erkältungen, aber auch Depressionen im Patentantrag explizit genannt. Wird eine audiobasierte Diagnose getroffen, werden – Überraschung! – passende Produkte angeboten, z.B. Hustensaft.[108] Das Patent beinhaltet auch das Einfügen einer Floskel durch den smarten Assistenten nach erfolgreicher Transaktion: »Gute Besserung!«

Kurzum, ich würde mich nicht darauf verlassen, dass gesetzliche Verbote, vermeintlich zu große Datenmengen oder ein möglicher Imageschaden einer umfassenden Speicherung und Analyse der Daten im Wege stünden. Zu oft haben die Digitalkonzerne nach der Devise gehandelt: Wir halten uns an Verbote, es sei denn, es winkt ein Geschäft, und sei es auch nur in ferner Zukunft.

Die Besucherinnen und Besucher auf dem Kongress der

Fiducia AG, eines auf Banksoftware spezialisierten Unternehmens, staunten nicht schlecht, als zur Eröffnung 2017 ein Redner zugeschaltet wurde, der in IT-Kreisen Kultstatus genießt: Edward Snowden. Der 35-Jährige hatte mit seinen Enthüllungen die Ausmaße der weltweiten Überwachungs- und Spionagenetze der USA und die willfährige Kooperation von Telekommunikationsunternehmen und Online-Plattformen mit den Behörden offenbart. Der seitdem im russischen Exil lebende Snowden warnte das Konferenzpublikum eindringlich vor den neuen digitalen Assistenten: »Viele von uns sind dabei, freiwillig Abhörgeräte bei sich zu Hause aufzustellen, weil diese etwas mehr Bequemlichkeit versprechen. Für George Orwell wäre das völlig unverständlich, hatte er doch in *1984* davor gewarnt, dass die Bürgerinnen und Bürger einer einstmals freien Gesellschaft von den Regierungen dazu gezwungen werden könnten, ebensolche Geräte in ihren Behausungen aufzustellen, mit deren Hilfe diese ununterbrochen zuhören und wo die Menschen ihnen nicht entkommen könnten, so dass es keinen absoluten Bereich von Intimität mehr gibt, wie er für alle vorangegangenen Generationen selbstverständlich gewesen war.«[109]

Snowden zitiert weiterhin Aldous Huxley, der eine *Schöne neue Welt* vorhergesehen hatte, in der die Menschen aus Bequemlichkeit und einem Unterhaltungsbedürfnis heraus bereitwillig ihre elementarsten Rechte aufgeben. »Was dem Nutzer den Alltag zunehmend erleichtern soll, ist für die Privatsphäre eine Gefahr.«[110] Die größte Bedrohung für unsere Privatsphäre sind wohl Geheimdienste und Behörden, die sich ebenfalls für die Audiodaten interessieren. Die von Snowden aufgedeckten Abhörpraktiken der NSA haben eindrücklich gezeigt, dass die Überwachungsbehörden im Zeitalter von Big Data keine Angst vor großen Datenmengen mehr haben. Was noch in der analogen Spionagezeit undenkbar war, als selbst das Abhören einer einzigen Zielperson extrem mühselig, aufwendig, personalintensiv und qualitativ zweifelhaft war, ist heute die *Default-*

Option: Wirklich *alle* Informationen werden verarbeitet. Adieu Stichprobe, hallo Volltextsuche!

Darauf zu vertrauen, in einer immensen Datenmenge unterzugehen, sich verstecken zu können, ist heutzutage illusorisch. Und davon auszugehen, dass die Beschränkungen, die die Hersteller sich selbst auferlegen, tatsächlich eingehalten werden, ist zumindest fraglich. Der Tech-Blog *The Intercept* berichtete jüngst, die NSA arbeite schon länger an einer Stimmerkennung, mit der sie etwa verdächtige Personen finden könnte. Bei Ermittlungen in einem Mordfall in den USA hat Amazon im März alle Audiodaten eines Echo-Geräts an die Polizei übergeben. Allerdings hatte der Verdächtige zuvor eingewilligt.[111] Der Schweizer Kultur- und Medienwissenschaftler Felix Stalder warf auf der re:publica-Konferenz 2017 folgendes Problem auf: Was antwortet Siri auf die Frage: »How to jailbreak my iPhone?«[112] Die Antwort von Siri spricht Bände und macht klar, wessen Dienerin sie ist: »I wouldn't recommend that.«[113] Hier wird deutlich, dass die Sprachassistenten nicht unsere und in erster Linie ihren wahren Herren gefügig sind.

Lizenz zum Geldverdienen

Der Berliner Konrad Zuse gilt als Erfinder des modernen Computers. Bereits 1938 hatte er im elterlichen Wohnzimmer den ersten – noch mechanischen – programmierbaren Rechenautomaten aus Alublechen gebastelt. Dies war zugleich der erste Rechner, der intern im Dualsystem operierte. Drei Jahre später erblickte dann der erste vollautomatische Digitalcomputer mit einer Zentralrecheneinheit aus Telefonrelais das Licht der Welt: der Zuse Z3. Noch im selben Jahr versuchte Konrad Zuse, seine Erfindung patentieren zu lassen. Erst sieben Jahre nach Kriegsende wurde ihm das Patent schließlich zuerkannt, aber sogleich von anderen Herstellern angefochten. Im Jahre 1967 konstatierte dann das Bundespatentamt letztinstanzlich, dass kein Patent ergehen könne – die Begründung damals: »mangelnde Gestaltungstiefe«. Zuse hatte versucht, das konkrete Design des Z3 patentieren zu lassen anstatt grundlegender konzeptioneller Elemente seiner Erfindung, etwa die Prozesssteuerung mit Programm- und Datenspeicher. Wie die Computergeschichte wohl ausgegangen wäre, wenn Zuse sein Patent erhalten hätte und infolgedessen alle Computerfirmen der Welt Lizenzgebühren an Zuse hätten abführen müssen?

Siebzig Jahre später hatten vier Ingenieure mit ihrem Patentantrag mehr Glück. Wenige Sätze und eine Skizze genügten, um das Funktionsprinzip ihrer Idee zu beschreiben: Ein männlicher Benutzer in einem ruhigen Raum sagt: »Bitte spiele ›Let It Be‹ von den Beatles.« Ein kleines Desktop-Gerät antwortet: »Kein Problem, John« und beginnt mit dem Abspielen des gewünschten Songs. Am 31. August 2012 hielten die vier schließlich ein Patent für ein System künstlicher Intelligenz in Händen, das mit natürlicher Sprache zu kommunizieren in der Lage sein sollte. Der Arbeitgeber der vier hieß Amazon, und das Produkt, das aus diesem Patent hervorging, Alexa.

Vom Onlinehändler für Bücher, als die sie 1994 begonnen hatte, ist Jeff Bezos' Firma zum nach Walmart zweitgrößten Einzelhändler weltweit geworden. Aber Amazon ist mehr als das. Der Konzern gibt viel Geld für Forschung und Entwicklung aus und ist ständig auf der Suche nach neuen Geschäftsmodellen. Bereits 2006 ging Amazon Web Services (AWS) als Tochterunternehmen an den Start, es stellt On-Demand-Cloud-Computing-Plattformen für Einzelpersonen, Unternehmen und Regierungen bereit. Letztlich handelt es sich hierbei um kostenpflichtigen Speicherplatz auf fremden Servern sowie darauf aufsetzende Software-Lösungen. Amazon Web Services ist der am stärksten expandierende Teil des Konzerns, allerdings für gerade einmal neun Prozent des Umsatzes verantwortlich. Beim Gewinn allerdings sieht die Sache völlig anders aus: 74 Prozent von Amazons Gewinn entfallen auf AWS.

Angesichts dieser Zahlen wird klar, warum Amazon sich in seinen Forschungsbemühungen auf diesen Bereich konzentriert. Marxistisch gesprochen: Hier ist die Profitrate deutlich höher! Nick Srnicek beschreibt die Entstehung plattformkapitalistischer Geschäftsmodelle als Reaktion des Kapitals auf die sinkenden Profitraten in klassischen Branchen. In seinem Handbuch zum Plattformkapitalismus stellt er fest, »dass sich der Kapitalismus angesichts eines langanhaltenden Rückgangs der Rentabilität in der Produktion von Gütern den Daten zugewandt hat, um zu überleben und weiter expandieren zu können.«[114] Amazon ist also auch eine Datenplattform und ähnelt darin eher Google und Facebook als Walmart oder Otto. Heute verfügt Amazon über eine der größten Datensammlungen der Welt, mit AWS als Schlüssel-Infrastruktur, ohne die Alexa nicht denkbar wäre.

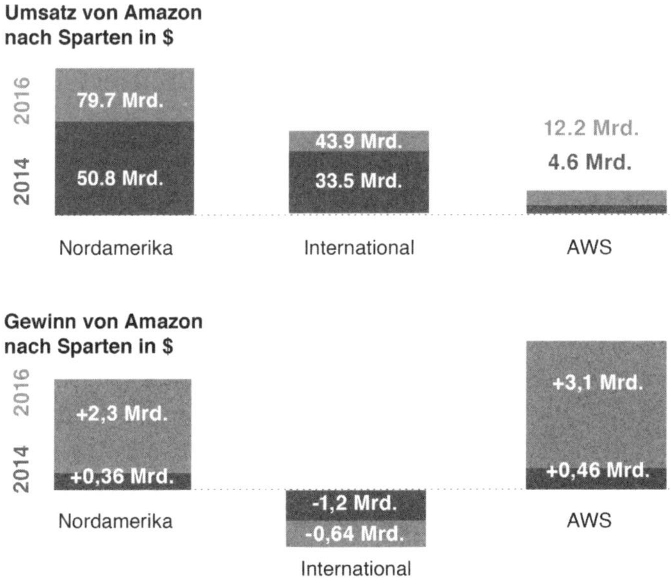

Die Bedeutung von AWS für Amazon[115]

Alexa – KI durch und durch

Welches sind die Gründe, aus denen Amazon in vielerlei Hinsicht an den Konkurrenten vorbeigezogen ist? Google und Microsoft hatten eigentlich einen Vorsprung, aber beide konzentrierten sich auf das Smartphone bzw. den PC als Zielgeräte für ihre Sprach-KIs. Microsofts Cortana, Apples Siri und Googles Assistent sind zunächst Add-Ons für Smartphones bzw. für den PC gewesen, Amazons Alexa hingegen ist das erste *AI-first device*, also ein Gerät, das um die Kernfunktion *conversational AI* (KI mit natürlicher Sprachbeherrschung) herum konzipiert wurde.[116] Der Durchbruch kam mit der von Grund auf neu konzipierten Palette aus Hardware, Software, Anwendungsszenarien (*use-cases)* und Businessmodell – maßgeschneidert auf die neue Technologie.

Bei der Anzahl und der Qualität unterstützter Sprachen hinkt Amazon seinen Konkurrenten Apple und Google noch hinterher. Was die Menge der verfügbaren Apps angeht, die mit Sprache gesteuert werden können, hat Alexa allerdings die Nase vorn: 25.000 Anwendungen für die Alexa-Plattform standen im Oktober 2017 nur 724 für Googles Betriebssystem Android gegenüber.[117] Der Ingenieur Qi Lu, der früher bei Microsoft für Cortana zuständig war und jetzt Chief Operating Officer von Baidu ist, fasst zusammen: »Amazons Alexa-Ökosystem ist allen anderen in den USA weit voraus. Weil sie das Szenario richtig gestaltet haben. […] Es geht um die richtigen Anwendungsszenarien und die richtigen [technologischen] Ökosysteme.«[118]

Damit aus den Echo-Devices weltweite Standardgeräte werden können, wie PCs und Smartphones es geworden sind, ist weit mehr nötig, als Amazon allein jemals wird leisten können. Zu diesem Zweck ermuntert Amazon Drittfirmen, neue Dienste und Apps für die Plattform bereitzustellen, so wie es Apple seit Langem mit App-Entwickler∗innen tut. Mit dem von Amazon zur Verfügung gestellten Alexa Skills Kit (ASK) sollen sie in die Lage versetzt werden, innerhalb kurzer Zeit eigene Skills zu erstellen.

Alexa bietet Nutzern über diese »Skills« und mithilfe gesprochener Anweisungen beispielsweise die Möglichkeit, Musik abzuspielen, Antworten auf allgemeine Fragen zu erhalten, einen Wecker oder Timer zu stellen und mehr. Zu den beliebtesten Apps gehören die Ride-Hailing-Optionen von Uber und Lyft. Um mit Alexa ein Uber bestellen zu können, muss die Nutzerin bzw. der Nutzer auf seinem Smartphone zunächst die Alexa-App installieren und sich bei der App anmelden bzw. seine Nutzerdaten hinterlegen. Daraufhin kann das Echo-Device dann mit dem Satz »Alexa, get me an Uber« ausgelöst werden.[119]

Amazon hat die Echo-Plattform auch für Smart-Home-Hersteller geöffnet. Für jedes auf dem Markt erhältliche Produkt soll es Alexa-Skills geben. Amazon zielt damit auf die Marktführerschaft bei Smart-Home-Anwendungen. Die Produkte aller Firmen, die smarte Lichtsysteme, Stecker oder Thermostate herstellen, können mit Skills gesteuert werden, schreibt der Technologie-Experte Mark Sullivan: »Es ist wahrscheinlich, dass die Kontrolle der Sicherheitssysteme für zu Hause auch zu dieser Liste hinzugefügt werden wird.«[120] Die Alexa-Plattform als Ökosystem für Home-Anwendungen nimmt Gestalt an.

Vorreiter der Entwicklung im Bereich der Bereitstellung eigener Technologien für Dritte auf breiter Basis ist dennoch Google gewesen. Das war schon das Erfolgsrezept für das mobile Betriebssystem Android, das in wenigen Jahren Apples iOS den Rang ablief und heute mit Marktanteilen um 80 % Weltmarktführer ist: Es wurde von Anfang an allen Hardwareherstellern kostenlos und lizenzfrei zur Verfügung gestellt. Das Gleiche wiederholte sich bei cloudbasierten Services: Auf einer Veranstaltung in San Francisco im März 2016 stellte Google eine Reihe neuer Cloud-Dienste vor, die es Entwicklern und Unternehmen ermöglichen sollen, Googles Technologien maschinellen Lernens zu nutzen, die einigen der mächtigsten eigenen Anwendungen zugrunde liegen. In einem Interview mit dem Technologie-Magazin *Wired* prognostizierte Googles Top-Ingenieur Urs Hölzle, dass die Umsätze, die durch Cloud-Dienste generiert werden, bis zum Jahr 2020 diejenigen aus dem Anzeigengeschäft übertreffen dürften: »Es ist klar geworden, dass die Public Cloud der Weg in die Zukunft ist. Eines Tages könnte das größer sein als Werbung. Ganz bestimmt, was das Marktpotenzial angeht.«[121] Starke Worte angesichts der Tatsache, dass Google die größte Werbefirma der Welt ist.

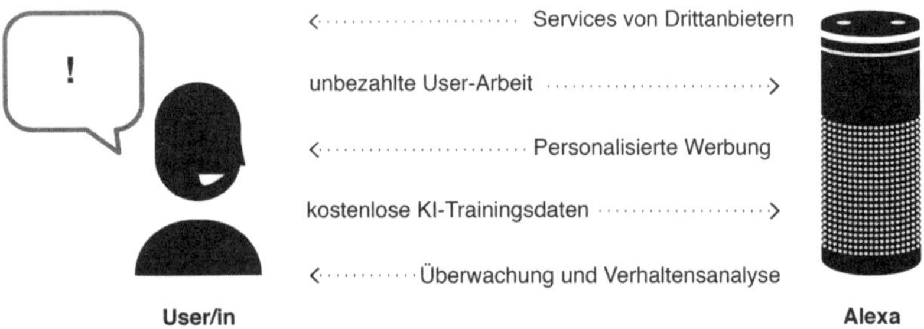

Alexa und wir

Diener ihrer Herren

Die Entwicklung digitaler Sprachassistenten wird von den Großen der Internetökonomie seit einigen Jahren mit großem Aufwand vorangetrieben. Sprachanalyse und natürliche Sprachausgaben werden zum vorrangigen Interface dieser nächsten Stufe im Plattformkapitalismus. Die Analysefirma Canalys sagte Anfang 2018 noch für dasselbe Jahr den endgültigen Durchbruch der digitalen Assistenten voraus, was so zunächst nicht eingetreten ist.[122] Aber auch jenseits dieser werden KI-Anwendungen zur Alltagstechnologie. Der IT-Nachrichtenagentur Gartner zufolge werden Technologien maschinellen Lernens bis in zwei Jahren in »fast allen neuen Softwareprodukten« anzutreffen sein, was aus dem Feld eine Schlüsseltechnologie macht.[123] Alexa, Siri etc. sind die modernen Sirenen, die wir User durch die bloße Nutzung (in diesem Fall, indem wir mit ihnen reden) einerseits optimieren, denen wir andererseits Daten liefern zur immer besseren Vermessung und Voraussage unserer selbst – Plattformkapitalismus mit Künstlicher Intelligenz.

Die digitale Revolution hat die Art und Weise verändert, wie wir alltägliche Dinge erledigen; immer öfter sind digitale Geräte und Applikationen sowie über das Internet vermittelte Transaktionen daran beteiligt. Insbesondere Generationen, die mit diesen Technologien aufgewachsen sind, werden zusehends Opfer ihres laxen Umgangs damit. So wurden allein in den USA im Jahr 2016 mehr als 11 Millionen Menschen Opfer von Identitätsdiebstahl, heißt es in einer jährlichen Umfrage von Javelin Strategy and Research. Personen zwischen 18 und 24 Jahren waren dabei die vorrangigen Ziele. »Fast jede Aktivität in unserer heutigen Gesellschaft hinterlässt Spuren«, gab Doug Klunder, bei der US-amerikanischen Bürgerrechtsvereinigung American Civil Liberties Union für Datenschutz-Themen zuständig, bereits 2010 zu bedenken.[124]

Der Kulturwissenschaftler Holger Schulze bewertet den Trend zu *Conversational Commerce*, also Gesprächshandel, wie folgt: »Das größere Problem ist, dass diese Geräte dazu führen, dass wir uns mit ihnen einen ständigen Verkaufsstand in die Küche oder ins Schlafzimmer holen. Dieser bietet permanent an und nutzt aus, dass wir gelegentlich Dinge benötigen – und diese gleich bestellen. Die Merkantilisierung, also die Verkaufsförmigkeit, vieler Lebensbereiche wird dadurch kompromisslos weitergetrieben.«[125] Oder, wie das technologiekritische Kollektiv Çapulcu das formuliert: »Die Schnittstelle der smart durchkapitalisierten Zukunft ist das offene Ohr.«[126] Nach Big Data kommt als logische Folge die mit Technologien künstlichen Lernens ausgestattete Software, die Userdaten in einem Feedback-Loop zur Optimierung eben jener Services nutzt, die diese Daten erst generieren. KI wird *en passant* zu einer Marke: Alexa könnte bald synonym für den Mutterkonzern Amazon stehen, dessen Dienerin sie schlussendlich immer noch ist.

Kulturrevolution 2.0

Knapp zwei Jahrzehnte nachdem IBMs Supercomputer Deep Blue den amtierenden Schachweltmeister Garri Kasparow in einem Turnier geschlagen hatte, ereignete sich ein ähnliches, vielleicht noch weiter reichendes Entscheidungsspiel zwischen Mensch und Maschine. Diesmal wurde Go gespielt, ein abstraktes Strategiespiel, bei dem zwei Kontrahent*innen in meist Stunden dauernden Partien versuchen, ihre weißen und schwarzen Steine so zu platzieren, dass sie schlussendlich mehr Territorium umkreisen als der Gegner. Am 19. März 2016 nahm Lee Sedol, der stärkste Go-Spieler der Welt, Platz, um gegen das Programm AlphaGo anzutreten, eine KI-getriebene Software von Googles Tochterfirma DeepMind. Als er sich am Ende des stundenlangen Duells von seinem Platz erhebt, ist die Go-Welt eine andere: Er ist geschlagen worden.

Erstmals hatte ein Computerprogramm sich bei diesem Brettspiel als klar besser erwiesen als der Mensch. Allein die zwischen den beiden Matches liegenden zwanzig Jahre vermitteln ein Gefühl dafür, wie viel komplizierter und variantenreicher das Go-Spiel im Vergleich zum Schach ist, auch wenn beide auf nur wenigen Grundregeln basieren. Und Google konnte den Marketing-Coup von IBM knapp zwanzig Jahre später wiederholen: Die Firma DeepMind, die Google zwei Jahre vorher erst erworben hatte und die bis dato fast niemand kannte, wurde weltbekannt, und Google gab damit den Startschuss zum globalen KI-Rennen. Als nun AlphaGo ein Jahr später auch den Chinesen Ke Jie schlug – diesmal saßen 280 Millionen Chines*innen vor den Bildschirmen – löste das insbesondere in China Fassungslosigkeit aus und brachte das Thema Künstliche Intelligenz im bevölkerungsreichsten Land der Erde auf die Titelseiten der Zeitungen.

Die *New York Times* bezeichnete den Ausgang dieses Spiels als »Chinas Sputnik-Schock«.[127] Zur Erinnerung: Als die UdSSR mitten im Kalten Krieg völlig überraschend den ersten Satelliten in die Erdumlaufbahn brachte, löste das in den USA eine Panik aus. Die Angst, technologisch abgehängt zu werden, führte zu massiven Investitionen in Wissenschaft und Forschung. Auch die Schulbildung wurde stärker naturwissenschaftlich-technisch ausgerichtet. Chinas Führung reagierte in ähnlicher Weise auf die Go-Katastrophe: Eine nationale Strategie, deren Ziel im Erreichen der KI-Führungsrolle im Jahr 2030 besteht, wurde beschlossen und die Finanzmittel dafür in Aussicht gestellt. Allein in einen einzigen KI-Gewerbepark in Peking steckt China umgerechnet knapp 2 Milliarden Euro.[128]

Netzwerk-China

China ist längst nicht mehr die verlängerte Werkbank der westlichen Industriestaaten, die mit billigen Arbeitskräften den Löwenanteil der weltweiten Produktion bewältigt. Spätestens seit 2015 schlägt China eine radikal neue Richtung ein: Ein beispielloser Einsatz von Robotern und gewaltige Infrastrukturmaßnahmen haben zum Ziel, China in eine moderne Netzwerkökonomie zu verwandeln. Das soll das Land weniger abhängig machen vom globalen Markt, denn auch China hat trotz boomender Wirtschaft die Auswirkungen der Finanzkrise 2008 empfindlich gespürt. Das alte Modell gerät auch aus anderen Gründen unter Druck: Die Löhne steigen in China stetig an – um durchschnittlich 12 Prozent pro Jahr seit 2001.[129] Deshalb setzt das Land auch verstärkt auf Roboter: 2016 kaufte etwa der chinesische Haushaltswarenhersteller Midea den weltberühmten Augsburger Roboterhersteller Kuka. Mittlerweile ist China zum größten Robotermarkt der Welt geworden.[130] China will nicht nur in Schlüsselbereichen wie der KI führend werden, sondern auch die Energie- und Verkehrswende auf beeindruckender Skala und sehr schnell schaffen. Die Elektrifizierung des Verkehrs schreitet voran, so sind von den 16.000 kommunalen Bussen in der Zwölf-Millionen-Metropole Shenzhen beeindruckende 100 Prozent rein elektrisch unterwegs. Roller und Motorräder werden schon lange ausschließlich elektrisch betrieben – und bei der Elektromobilität ist China generell führend.

»Made in China 2025« heißt der strategische Plan Chinas, den Premierminister Li Keqiang und sein Kabinett im Mai 2015 beschlossen, der im Kern die Schaffung einer netzwerkbasierten Ökonomie in China beinhaltet. Das Zentrum für Strategische und Internationale Studien beschreibt es als direkt von der deutschen Industrie 4.0 inspirierte »Initiative zur umfassenden Aufwertung der chinesischen Industrie«.[131] Der heimische Anteil an den industriellen Wertschöpfungsketten soll gesteigert werden, um in direkten Wettbewerb insbesondere mit den USA treten zu können.[132] Dieser Plan markiert die Ablösung eines export- und investitionsgetriebenen zu einem konsumptionsbasierten und innovationsgetriebenen Modell, so die an der University of Southern California lehrende Yu Hong: »Der Staat«, erläutert sie in ihrer Untersuchung über die Neuausrichtung der chinesischen Volkswirtschaft , »erklärte Informationstechnologien zur zukünftigen Schlüsselindustrie«.[133] Als Folge werde ein auf niedrigen Löhnen basierendes Akkumulationsmodell abgelöst durch ein Modell, in dem Informations- und Kommunikationstechnologien priorisiert werden.

Die Wirtschaftswissenschaftler Philipp Staab und Florian Butollo konstatieren ein verstärktes technologisches Engagement des Staates, die »investive Staatlichkeit« übertrifft ihrer Ansicht nach die Verquickung etwa mit staatlichen Aufträgen aus dem Pentagon im Falle des Silicon Valleys bei Weitem: »Die chinesische Hightech-Strategie fußt auf einer strategischen Industriepolitik, deren Zielsetzung die technologische und ökonomische Eigenständigkeit ist. Sie ist Ausdruck eines Staatskapitalismus 3.0, der als kennzeichnend für große

Schwellenländer identifiziert wurde, geht aber in der Intensität der strategischen Planung und seiner Verquickung mit autoritärer Überwachungspolitik noch darüber hinaus.«[134] Hier sehen die Autoren einen entscheidenden Vorteil des chinesischen Modells gegenüber dem amerikanischen Original.

Der Politikanalyst und Gründer der Politikberatungsagentur Eurasia Group, Ian Bremmer, sieht starke Indizien für ein Duell zwischen China und den USA im Kampf um die technologische und wirtschaftliche Vorherrschaft. »Peking setzt stark auf Künstliche Intelligenz und Big Data, während Washington auf traditionelle Industrien fokussiert – was wahrscheinlich ein Fehler ist.«[135] Von den 20 größten Technologieunternehmen der Welt haben elf ihren Sitz in den USA, die restlichen neun kommen aus China – vor sechs Jahren waren es erst zwei. Der amerikanische Autor und Kolumnist der *New York Times*, Thomas Friedman, stellt fest: »Der Gesamtwert der chinesischen Internetwirtschaft ist heute schon größer als der der amerikanischen.«[136] Grund genug, einmal einen Blick auf die großen Drei der chinesischen Plattformökonomie zu werfen, nämlich Alibaba, Baidu und Tencent (ABT), die Pendants zu den großen Vier auf amerikanischer Seite: Amazon, Alphabet, Microsoft und Facebook.

Das ABT des Digitalen Kapitalismus

Wenn der Gründer des Technologiekonzerns Alibaba und Chinas bekanntester Unternehmer, Jack Ma, über Künstliche Intelligenz spricht, gerät er ins Schwärmen. Die Technik ermögliche es, die Marktkräfte »vorherzusagen und zu planen«, so Ma. In den nächsten 30 Jahren werde die Planwirtschaft ein Comeback erleben, prophezeit er. »Wenn wir Zugang zu allen Daten haben, finden wir die ›unsichtbare Hand des Marktes‹.«[137]

Tatsächlich ist Alibaba, wenn es darum geht, seine Kunden zu verstehen, noch viel weiter als sein amerikanischer Konkurrent Amazon. Über Websites und Apps sammelt das Unternehmen Daten über Einkaufsverhalten, Medienkonsum, Zahlungs- und Kredithistorie, aber auch die Suchpräferenzen und Nutzerverhalten in Sozialen Netzwerken. Alibaba errechnet von seinen über eine halbe Milliarde aktiven Nutzern pro Monat mehr als 8.000 Kennwerte. Beim Targeting, der gezielten Ausrichtung von Werbung auf die Zielpersonen, ist Alibaba führend. »Anstatt wie Amazon Vorschläge anhand von Bestellungen aus der Vergangenheit zu unterbreiten, schiebt Alibaba seine Kunden auch zu Marken und Produkten, die diese noch gar nicht kennen«, schreibt der China-Experte Henrik Ankenbrand in einem Artikel für die *FAZ*.[138] Mit Alipay, das 2004 startete, gelang es Jack Mas Unternehmen, ein sicheres, einfaches und zudem gebührenfreies Bezahlsystem im gesamten asiatischen Raum mit derzeit 520 Millionen Nutzern zu etablieren. Alipay ist am ehesten mit PayPal vergleichbar, das derzeit 218 Millionen aktive Nutzer verzeichnen kann. Mit Taobao, dem chinesischen eBay, gehört eine der größten Shopping-Plattformen für Endkunden in China zum Alibaba-Konglomerat.

Baidu ist nach Google die weltweit größte Suchmaschine, ihr Marktanteil in China liegt bei 76 Prozent. Im Dezember 2007 wurde Baidu als erstes chinesisches Unternehmen überhaupt in den NASDAQ-100 Technologie-Aktienindex aufgenommen. Dem Unternehmen wird immer wieder, z. B. von Reporter ohne Grenzen, enge Kollaboration mit den Zensurbehörden und die Verletzung von Datenschutzrechten vorgeworfen. Wie auch Google hat sich die Suchmaschine längst zum digitalen Mischkonzern entwickelt, der mit KI-Technologien in der Mobilfunk-Welt, im Bereich autonomes Fahren und vielen weiteren mitmischt.

In dem Unternehmen ist man stolz darauf, bei der Spracherkennung eine bemerkenswerte Genauigkeit von 97% und bei der Gesichtserkennung eine Rate von 99,7% zu erreichen. Damit liegt Baidu weltweit an der Spitze, was eindrücklich belegt, wie ausgereift seine KI-Anwendungen bereits sind. Qi Lu sieht

China strukturell im Vorteil gegenüber dem Rest der Welt, weshalb er auch von Microsoft zu Baidu gewechselt ist: einfach weil es so viele Chinesinnen und Chinesen gibt.

Unter dem Namen Baidu Cloud bietet der Konzern eine umfangreiche Palette an Cloud-Diensten an: Computing-, Netzwerk- und Storage-Produkte. Baidu Brain ist das künstliche neuronale Netzwerk des Unternehmens und bietet 60 unterschiedliche KI-Anwendungen auf seiner Plattform an. Eine von ihnen ist Apollo, eine Plattform für autonomes Fahren. »Mit unserer Code-Basis, die wir am 5. Juli 2017 veröffentlicht haben, kann jeder innerhalb von drei Tagen ein Fahrzeug bauen, das in begrenzter Form autonom fahren kann, und mit Forschung und Entwicklung daran beginnen«, verkündete Qi Lu, der im Mai 2018 zurückgetretene Chief Operating Officer von Baidu, gegenüber *Wired*.[139]

Apollo ist Lu zufolge als offene Plattform angelegt, denn es gebe in China allein 250 Hersteller im Automobilsektor. Das Geschäftsmodell, das sich hier abzeichnet, ist ein lupenreines Plattformmodell: »Wir glauben, die beste Möglichkeit, KI zu vermarkten«, erklärt der ehemalige Betriebsleiter von Baidu, »ist, Ökosysteme zu bauen.« Die Autohersteller können die Plattform nutzen, individuelle Einstellungen vornehmen und mit Hilfe der generierten Daten ihre Services optimieren. Die amerikanische Technikjournalistin Jessi Hempel drückt das so aus: »Es geht darum, die Hersteller mit offenem Code und niedriger Einstiegsschwelle sirenengleich ins eigene Ökosystem zu locken, und sie dann nie mehr aus diesem herauszulassen.«

Tencent schließlich ist im Westen weniger bekannt, in China hingegen ist WeChat, das Arbeitspferd der 1998 gegründeten Firma, allgegenwärtig. Der mobile Nachrichtendienst, der etwa mit WhatsApp vergleichbar ist, bietet fast alles: von Messenger zu Anrufen, Handyspielen, Hauszustelldiensten, Onlinekäufen und Finanztransaktionen. Mit ihm kann an Straßenständen bezahlt werden, er wird massiv für Online-Spiele benutzt und ist mit 700 Millionen Benutzern die am häufigsten genutzte Anwendung in China. Chinas E-Commerce-Markt, bereits der größte der Welt, soll sich in den nächsten zwei Jahren noch einmal verdoppeln, weiß eine Untersuchung der Investmentbank Goldman Sachs zu berichten.[140] Auch Tencent arbeitet mit den chinesischen Behörden zusammen, teilt die Daten seiner Nutzer*innen mit diesen und zensiert proaktiv unerwünschte Inhalte.

Die neue Rolle Chinas und seine Hinwendung zu einer auf Informationstechnologien, Big Data und KI gestützten Ökonomie ließen sich jüngst anlässlich der Consumer Electronics Show (CES) in Las Vegas ausmachen. Von den 4.229 Ausstellern auf der jährlichen Leistungsschau der Tech-Branche stammt mittlerweile gut jeder dritte aus China. Der chinesische Hersteller Huawei mischt derweil die Smartphone-Branche auf und sieht China beim Rennen um den kommenden Mobilfunk-Standard vorn. Der CEO von Huaweis Konsumgütersparte, Richard Yu, sagte in seiner *Keynote*: »Bei der 3G-Technologie sind wir hinterhergelaufen, bei 4G haben wir die anderen eingeholt, und in der kommenden Ära von 5G werden wir weltweit führend sein.«[141] Chinesische Hersteller demonstrierten eindrücklich, dass sie den Übergang von »Made in China« zu »Created in China« abgeschlossen haben.[142]

Smart Red Cloud

Die Kommunistische Partei Chinas hat schon viele Versuche hinter sich, aus ihrem Riesenvolk bessere Menschen zu machen. Die Kulturrevolution ist der vielleicht bekannteste: Vor etwa fünfzig Jahren machte Mao Tse-tung eine bürokratische Klasse aus, die sich ausgebreitet und die Ideale der Revolution verraten habe. Zunächst als Basisbewegung zur Beseitigung von Missständen geplant, mutierte die Kulturrevolution letztlich zu einer zehn Jahre andauernden Säuberungskampagne, in der Hunderttausende ihr Leben ließen.

Die Enkelgeneration jener Bürokraten schlägt jetzt zurück und will ihrerseits die Bürgerinnen und Bürger umerziehen: Mit Scoring, d. h. einer individuellen Bewertung aufgrund vorliegender Daten, soll eine großangelegte Disziplinierung der 1,4 Milliarden Chinesinnen und Chinesen gelingen. Begleitet wird diese panoptische Big-Data-Kampagne von einem neuerlichen »Großen Sprung nach vorn«. Letzterer bezeichnete eine ebenfalls vom weisen Führer ein paar Jahre früher initiierte Kampagne für eine autochthone Industrialisierung, die grandios scheiterte und mit der größten Hungersnot der Menschheitsgeschichte endete. Diesmal soll dieser Sprung statt mit Mini-Hochöfen mittels Big Data und Künstlicher Intelligenz glücken.

Das am 14. Juni 2014 vom Staatsrat der Volksrepublik veröffentlichte »Planungsvorhaben für den Aufbau eines sozialen Bonitätssystems« zielt darauf ab, »die Ehrlichkeit und Qualität der Nation« zu steigern sowie zu einer »harmonischen sozialistischen Gesellschaft« beizutragen.[143] In einer einzigen Datenbank sollen fiskalische und Verwaltungsdaten, aber auch Verkehrsdelikte und nachbarschaftliches Verhalten und Social-Media-Aktivitäten von der App gescannt werden und letztlich in einer einzigen Zahl resultieren: dem öffentlich einsehbaren sozialen Koeffizienten aller Chinesinnen und Chinesen.

In der Provinz Sichuan soll die »Smart Red Cloud« zwei Millionen Genoss*innen überwachen. Der Computer errechnet von jedem Parteimitglied ein »Charakterbild« und prognostiziert »künftiges« Verhalten. Mit einem Punktesystem, das mithilfe Künstlicher Intelligenz nicht nur jene bestraft, die ihren Bankkredit nicht bedienen, sondern auch alle, die ihre Eltern nicht oft genug besuchen, will die Partei ihre Kader erziehen.[144] In Shanghai lancierte derweil die Stadtverwaltung eine App (»Honest Shanghai«), die nach erfolgter Anmeldung alle über eine Person in öffentlichen Institutionen vorhandenen Informationen ermittelt und daraus einen übergreifenden Score berechnet. Dieser soll zuverlässige Aussagen über das »Maß an

Ehrlichkeit und Güte« der jeweiligen Person erlauben.[145] Außer der Metropole Shanghai und dem in den Medien breit diskutierten Ostküstenstädtchen Rongcheng haben ca. 30 weitere Städte und Gemeinden eine solche Scoring-App zum Laufen gebracht. Sie greifen damit einem landesweiten System vor, das 2020 einsatzbereit sein soll.

Scoring gibt es nicht nur in China und nicht erst seit der Digitalisierung. Die Schufa (Schutzgemeinschaft für allgemeine Kreditsicherung) beispielsweise macht seit Jahrzehnten nichts anderes: Sie berechnet für am Zahlungsverkehr in Deutschland Teilnehmende einen individuellen Koeffizienten, der den Grad der Bonität ausdrückt. Berücksichtigt werden dabei neben der Kreditgeschichte und dem Zahlungsverkehr auch Leasingverträge, Telekommunikationskonten, Ratenzahlungsgeschäfte sowie Bürgschaften. Der sich daraus ergebende Score wird dann Banken, Vermietern oder Mobilfunkanbietern zur Verfügung gestellt. Woher rührt also die Aufregung, die im Westen herrscht, angesichts der Einführung eines Systems umfassender Kreditwürdigkeit? Der amerikanisch-chinesische Intellektuelle Kaiser Kuo weist darauf hin, dass China eben nicht über historisch gewachsene Systeme verfügt, die Schufa existiert immerhin schon seit 1927. Für jede Gesellschaft sei es wichtig, über ein solches System zu verfügen, erklärt Kuo.[146] Das westliche Bild Chinas eines »technoautoritären Staates« sei deshalb zumindest fragwürdig. Folgen wir Kuos Argumentation, erscheint das Social Scoring System eher als nachholende Modernisierung, als ein Versuch – allerdings mit aktuellen Technologien und in kürzester Zeit – westlichen Scoring-Standards nachzueifern und diese zu übertreffen.

Überwachungskapitalismus made in China

Scoring ist der Traum des Social Management, einer Politik also, die das soziale Leben selbst kontrollieren, steuern und lenken möchte. Generalsekretär Xi Jinping sprach 2016 von der Bedeutung »innovativer Methoden der sozialen Unternehmensführung«, die in jüngster Zeit zu großen Erfolgen geführt hätten.[147] Zu den selbstgestellten Zielen und Aufgaben des Social Management zählen die Zuweisung öffentlicher Ressourcen, die Verhütung und Kontrolle von gesellschaftlichen Risiken sowie die Mediation in und Vorbeugung und Bewältigung von sozialen Konflikten. Über die Absichten der chinesischen Regierung, was KI betrifft, sagt Martin Chorzempa, Fellow am Peterson Institute for International Economics: »Das Ziel ist algorithmische *governance*«.[148]

Die Wurzeln dieser Ideologie sind bei Lenin und Mao zu suchen und liegen in der Vorstellung der Partei als Avantgarde in allen Bereichen des Lebens. Die KPC definiert sich selbst als »die Vorhut der chinesischen Arbeiterklasse und zugleich die Vorhut des chinesischen Volkes und der chinesischen Nation; sie ist der führende Kern der Sache des Sozialismus chinesischer Prägung.« So steht es gleich am Anfang des Parteiprogramms. Die Partei sieht das *social engineering* als zentral für ihre Machterhaltung an, KI-Technologien spielen dabei eine wirtschaftliche, aber auch systemerhaltende Rolle, in einer Machtpolitik, die über Überwachung und Strafverfolgung hinausgeht und die als *social engineering* treffend beschrieben werden kann. Mechanismen dieser sozialen Ingenieurstätigkeit beinhalten sowohl Zwangs- als auch Kooptationstaktiken, die ständig zusammen agieren, um Anreize für Einzelpersonen zu schaffen, sich am Sozialmanagement zu beteiligen bzw. sich diesem zu unterwerfen.

Die China-Expertin des International Institute for Strategic Studies schreibt über den Einzug von KI-Technologien in China: »Moderne Überwachungstechniken und Sozialkredite sind keine neuen Konzepte, sondern lediglich die neuesten Entwicklungen bei der Verwirklichung des Ziels eines automatisierten Sozialmanagements. Dies ist einer von vielen Bereichen, in denen Fortschritte in der künstlichen Intelligenz dazu beitragen würden, soziale Managementprozesse zu rationalisieren und im Idealfall vielleicht sogar zu automatisieren.«[149]

Gesichtserkennung, also die Feststellung der Identität von Personen aufgrund von Kamerabildern, ist eine klassische Policing-Technik. Während bei uns Feldversuche, die sehr kritisch begleitet werden, eher bescheidene Ergebnisse liefern – zu wenige Menschen, die Trainingsdaten lieferten – ist China da schon deutlich weiter. Chinesische Unternehmen haben Zugang zu einer weltweit einmaligen Fülle an Videoüberwachungsmaterial. Einerseits sind die Algorithmen dort besser, weil sie mit viel mehr Daten trainiert wurden, und andererseits gibt es dort bekanntlich weniger datenschutzrechtliche Bedenken. Gesichtserkennungs-Software von chinesischen Start-ups, wie etwa die von SenseTime, erzielen jetzt schon sehr hohe Trefferquoten. Xu Li, CEO von SenseTime, gab der *Financial Times* gegenüber die stolze Zahl von 500 Millionen Gesichtern an, die seine Firma im Auftrag ihrer Kunden bereits überprüft und verarbeitet habe.[150]

Die Technik wird von der chinesischen Polizei bereits mit Erfolg eingesetzt: Mit Hilfe von SenseTimes Software gelang es einer einzigen Polizeidienststelle innerhalb eines Monats, 69 Verdächtige festzunehmen. Neben einer Handvoll Beamt*innen, die Daten von CCTV-Kameras auswerten, kommen neuerdings auch Beamt*innen mit modifizierten Sonnenbrillen zum Einsatz, die an Google Glass erinnern. Diese sind mit einer Datenbank verbunden und gleichen automatisch Gesichtsprofile mit denen von Verdächtigen ab.[151]

Das Start-up Yitu aus Shanghai ist mit zwei Milliarden Gesichtern, die in seinen Datenbanken gespeichert sind, Marktführer in China;[152] seine KI-gestützten Analysetools benötigen nur wenige Sekunden, um z. B. festzustellen, welche von den in der Datenbank hinterlegten Personen sich in einem Raum befinden. Neben dem offensichtlich auf der Hand liegenden Anwendungsfall für polizeiliche Aktivitäten sind eine Fülle »ziviler« Anwendungen denkbar, etwa beim Ticketing, zur persönlichen Ansprache von Kund*innen und vieles mehr.

Neben datenschutzrechtlichen Bedenken ist in diesem Fall besonders fragwürdig: Wer bewertet wen? Und welches sind die Kriterien? Das scheint keine moralische, sondern eine Machtfrage zu sein. Scoring-Apps versuchen eine Gratwanderung zwischen Disziplinierung, Kontrolle und dem Monitoring von Mikro-Verhalten einerseits und einer effektiven, datengetriebenen Verbesserung der Lebensqualität für alle, der Optimierung öffentlicher Services und privater Dienstleistungen auf der anderen Seite. David Graeber, der vieldiskutierte Autor von *Schulden – die ersten 5000 Jahre*, knöpft sich in seinem 2017 erschienenen Buch *Bürokratie: Die Utopie der Regeln* ebendiese vor: Bürokratie sei in allen Gesellschaften etabliert, allerdings unsichtbar agierend und sich regelmäßig Kritik entziehend.[153] Die chinesischen Bürokraten jedenfalls scheinen sich ihrer wichtigen Rolle bewusst zu sein und nichts weniger als den Guten Bürger durch digitales Scoring erreichen zu wollen.

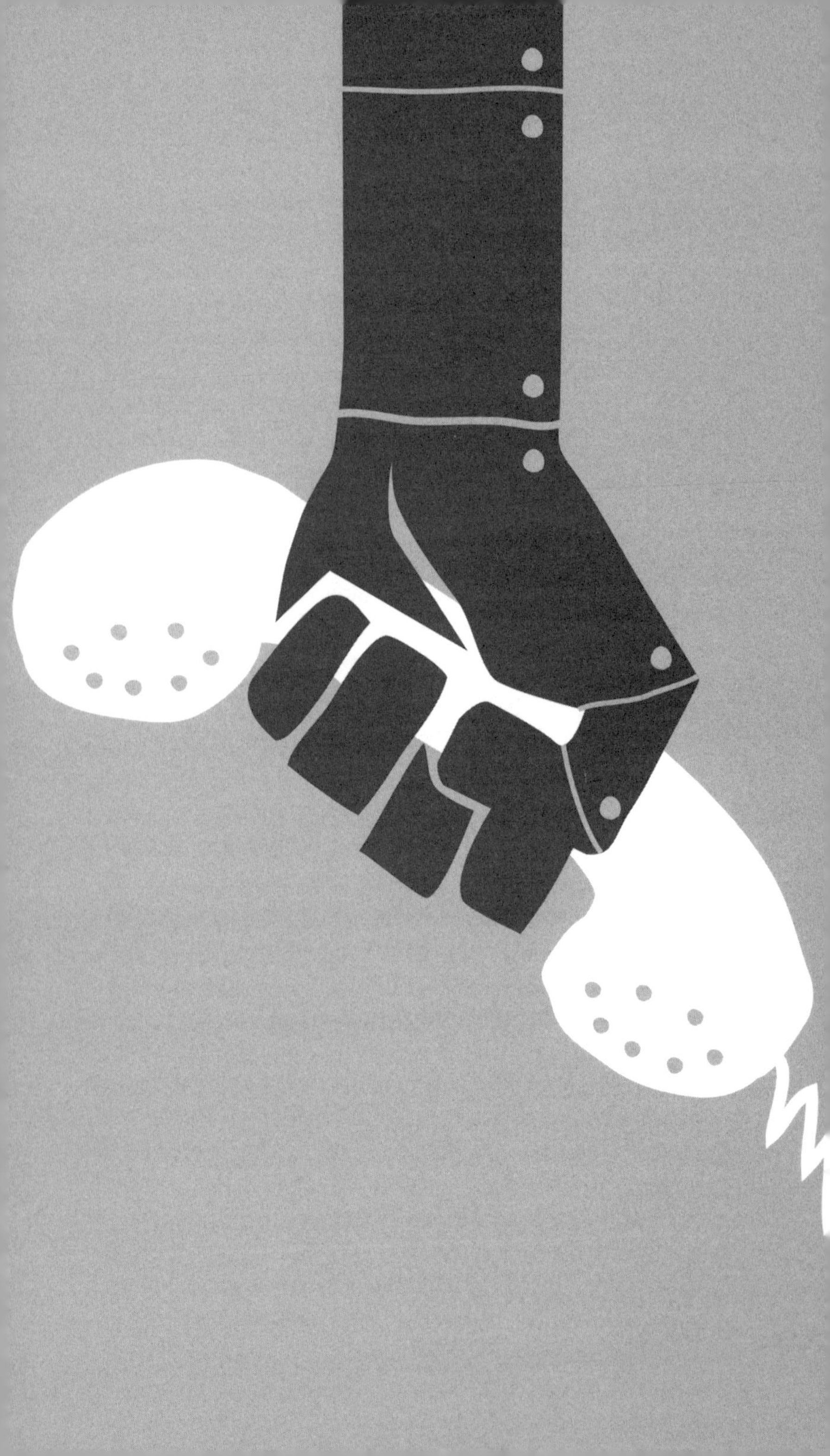

Vollbeschäftigung für Roboter

»Der Führer schenkt den Klonen eine Stadt« (Extrabreit)

In Wolfsburg steht die größte zusammenhängende Automobilfabrik der Welt, die bebaute Hallenfläche so groß wie das Fürstentum Monaco. Sie wurde 1938 für die Serienfertigung des Volkswagens errichtet und von Adolf Hitler feierlich eingeweiht. Während des Krieges diente sie der Rüstungsproduktion, Tausende Zwangsarbeiter*innen wurden hier ausgebeutet. Noch im letzten Kriegsjahr gab die englische Besatzungsmacht das Startsignal für die zivile Automobilproduktion, und das Werk und die Stadt entwickelten sich zum Symbol des westdeutschen automobilen Wirtschaftswunders. Die Werksanlage ist ein Relikt aus den glorreichen Zeiten des Automobilbaus, die Einschusslöcher des alliierten Beschusses sind auch heute noch zu sehen.

2018 bauten hier rund 62.300 Beschäftigte 790.000 Fahrzeuge zusammen. Heute baut man Automobilfabriken viel kleiner, modularer, erklärt der VW-Angestellte, der unsere kleine Besuchergruppe betreut. Wir stehen vor einer Stahltür, die wie der Zugang zu einem Treppenhaus wirkt. Es wird laut, aber nicht übermäßig, als wir in eine ganze eigene Welt eintreten: Hier arbeiten die Roboter, sie tun dies nicht hintereinander aufgereiht an einem langen Band, sondern in kompakten Mäandern, durch Gitter abgetrennt. Hier werden Karosserieteile für den Golf geschweißt. Die Geräte scheinen ganz unterschiedliche Charaktere zu haben – die einen eher hektisch, ausladend, dann unvermittelt pausierend, andere weniger raumgreifend, geradezu elegant kontemplativ. Allesamt harmonieren sie perfekt, unsere Gruppe beobachtet die Roboter andächtig – minutenlang. Nach einer halben Ewigkeit dann der erste Vertreter des variablen Kapitals: Mit Vesperpaket bewaffnet fährt ein richtiger Arbeiter auf dem Fahrrad vorbei, ohne die Roboter eines Blickes zu würdigen, was auf Gegenseitigkeit beruht.

In der Endmontage sehen wir dann doch das seit Fords Zeiten bekannte lineare, sich stetig vorwärtsbewegende Band, mit dem Menschen Schritt halten und dabei die immer gleichen Arbeiten vollführen. Hier werden Kabelbäume eingebaut, auf Ergonomie wird geachtet, die eine oder andere Topfpflanze ist zu sehen, mitunter spielt ein Radio. Verstohlene Blicke werden ausgetauscht, die Monteure, meistens Männer, müssen sich fühlen wie Tiere im Zoo. 30 Prozent beträgt der Automatisierungsgrad hier, gegenüber 96 Prozent in der Karosseriefertigung. Auf die Frage aus der Besuchergruppe, warum hier kaum Roboter zu sehen sind, lautet die lapidare Antwort: »Die Gewerkschaften.« Die Roboterstunde koste rund 4,50 Euro, bekommen wir zu hören, das sei weniger als Mindestlohn. Wir werden darüber aufgeklärt, dass die Arbeiter schon mit 57 oder gar mit 55 frühzeitig in Rente gehen können, ja dass das Unternehmen seinen Mitarbeitern 100.000 Euro bar auf die Hand verspreche, wenn sie nur bereit sind, ihren Arbeitsvertrag aufzulösen.

Verkehrte Welt: War das Kapital doch einst angetreten mit einem unersättlichen Durst nach menschlicher Arbeit. »Das Kapital«, so Marx in seinem Hauptwerk, »ist verstorbene Arbeit, die sich nur vampirmäßig belebt durch Einsaugung lebendiger Arbeit und umso mehr lebt, je mehr sie davon einsaugt.«[154] Heute lässt es in vielen Bereichen zusehends davon ab, mühevoll die Lohnarbeit erpressen zu wollen – wird der Vampir etwa zum Vegetarier? Der Eindruck entsteht, das Kapital hätte nicht mehr vorrangig das Problem, Menschen effizient auszubeuten, sondern im Gegenteil: Es will sie loswerden!

Alle, die schon einmal in der Produktion ausgeholfen haben, kennen das vermutlich: Eine Zeitlang ist die Arbeit eine Herausforderung, bis zur Mittagspause ist die Sache durchschaut, am nächsten Tag macht sich Langeweile breit, und schon bald wird ein Zwischenfall herbeigesehnt, der der Monotonie ein Ende bereiten könnte. Oder wir werfen tatsächlich im Geiste John Ludds, des Helden der Maschinenstürmer-Bewegung, einen Schraubenschlüssel dahin, wo es wehtut. Spätestens am Ende der Woche stellt sich die Frage: Kann, ja sollte das nicht eine Maschine machen bzw.: Bin ich mittlerweile selbst eine geworden? John Stuart Mill, einer der bürgerlichen Ökonomen des 19. Jahrhunderts, konnte vermutlich auf ähnliche Erfahrungen zurückgreifen, als er in seinen *Prinzipien der politischen Ökonomie* notierte: »Es ist fraglich, ob alle bisher gemachten mechanischen Erfindungen die Tagesmühe irgendeines menschlichen Wesens erleichtert haben.«[155] Karl Marx bemerkte ein paar Jahre später zu Mill, solches sei auch keineswegs der Zweck der kapitalistischen Maschine. »Gleich jeder andren Entwicklung der Produktivkraft der Arbeit soll sie Waren verwohlfeilern und den Teil des Arbeitstags, den der Arbeiter für sich selbst braucht, verkürzen, um den andren Teil seines Arbeitstags, den er dem Kapitalisten umsonst gibt, zu verlängern. Sie ist Mittel zur Produktion von Mehrwert.«[156]

Die Geschichte des Kapitalismus ist immer schon auch eine Geschichte der Automatisierung. Motiviert ist diese durch die Konkurrenz, die Anwendung neuer Techniken geschieht nicht zum Selbstzweck, zur Erleichterung, Verkürzung, Aufwertung menschlicher Arbeit. Die Verbilligung der Produktion einerseits und die Beherrschung der Arbeiterschaft auf der anderen Seite stehen im Vordergrund unternehmerischer Entscheidungen. Die Potenziale für das Ersetzen (auch gedanklich) repetitiver menschlicher Tätigkeit sind immens, wenn die Technik erst einmal implementiert ist. Aber ob das unter kapitalistischen Vorzeichen passiert oder nicht, hängt immer davon ab, ob nicht menschliche Roboter billiger sind – das ist ein alter Hut.

Das Emanzipatorische an der Automatisierung liest sich bei Marx folgendermaßen: »Das Kapital wendet die Maschine vielmehr nur an, soweit sie den Arbeiter befähigt, einen größeren Teil seiner Zeit für das Kapital zu arbeiten, zu einem größeren Teil seiner Zeit als ihm nicht angehöriger sich zu verhalten, länger für einen andren zu arbeiten. Durch diesen Prozeß wird in der Tat das Quantum zur Produktion eines gewissen Gegenstandes nötige Arbeit auf ein Minimum reduziert, aber nur damit ein Maximum von Arbeit in dem Maximum solcher Gegenstände verwertet werde. Die erste Seite ist wichtig, weil das Kapital hier – ganz unabsichtlich – die menschliche Arbeit auf ein Minimum reduziert, die Kraftausgabe. Dies wird der emanzipierten Arbeit zugute kommen und ist die Bedingung ihrer Emanzipation.«[157]

Roboter bei McDonald's?

Im September 2017 wurde in Kalifornien das erste automatisierte Burger-Restaurant eingeweiht. Nach acht Jahren Entwicklungszeit konnte die 14 Fuß lange Maschine in Betrieb genommen werden, sie verfügt über 20 Computer, 350 Sensoren und 50 Aktuatoren (Bauelemente, die elektrische Signale in mechanische Bewegung umsetzen). Das Start-up-Unternehmen Creator hatte für ihre Entwicklung Ingenieur*innen, Designer*innen und Robotiker*innen von Apple, NASA, Tesla und Disney angeheuert. Creators Maschine schafft 120 Burger pro Stunde, bäckt Brötchen auf, brät Fleisch, baut aus diversen Zutaten einen individuellen Burger zusammen.[158] Menschliche Hände berühren den Burger nicht. Gründer Alex Vardakostas betont, sein »kulinarisches Instrument« sei effizienter als der Mensch, produziere Produkte höherer Qualität, zudem sei die

Gefahr der Kontamination geringer – der automatische Burger koste zudem nur sechs Dollar in der Herstellung.

Vor wenigen Jahren hatte der ehemalige McDonald's-Chef Ed Rensi prophezeit, dass demnächst nur noch Roboter in Schnellrestaurants am Grill stehen würden, falls der Mindestlohn auf 15 Dollar angehoben würde. Im Kontext von Arbeitskämpfen in der Branche war dies weniger als Vorschlag denn als Drohung gemeint. Die Gründer von Creator gaben nun zwei Jahre nach Rensis Prophezeiung auf die Frage, warum sie das Projekt überhaupt in Angriff genommen hätten, zu Protokoll: Grund sei der seit Juli 2017 tatsächlich lokal geltende Mindestlohn von 15 Dollar. Selbst das reicht in San Francisco nicht zum Leben, die Mieten sind horrend, die kalifornische Metropole ist eine der teuersten Städte der USA. Im Gastronomiegewerbe gab es nach Angaben des Arbeitsministeriums Ende 2018 über 800.000 offene Stellen; Restaurants gehen dazu über, Selbstbedienung anzubieten – oder erwägen eben Automatisierung. Der Burger-Roboter und seine Einführung in Abhängigkeit nicht nur von der technischen Machbarkeit, sondern als direkte Folge der Erhöhung des Mindestlohns, ist eine neuerliche, imponierende Bestätigung dessen, was Karl Marx vor 150 Jahren schrieb.

Amazon kündigte im Oktober 2018 an, den Mindestlohn für seine US-Beschäftigten auf 15 Dollar anzuheben, eine Maßnahme, die einer Viertelmillion Mitarbeitern zugutekommt.[159] Gleichzeitig investiert Amazon heftig in seine Armee aus über 100.000 Robotern, die das Bild in seinen Lagerhäusern prägen. Die Fulfillment-Center von Amazon sind bereits weitgehend automatisiert, Roboter bewegen sich zwischen den Regalen, und das Routing der Waren geschieht vollautomatisch.

Auch in China ist dieser Zusammenhang erkennbar. JD.com, eines der größten chinesischen E-Commerce-Unternehmen, weihte gerade ein Lagerhaus ein, in dem – außer zur Wartung der Roboter – kein Mensch mehr Hand anlegt. Dabei ist die Abwicklung von Einzelhandelsbestellungen in großem Umfang bereits stark automatisiert.[160] Auch in China verliehen die steigenden Lohnkosten der Automatisierung einen enormen Schub und führten zu hohen Investitionen und intensiver Forschung in der Robotik. Die steigenden Arbeitskosten haben einen Wettlauf um die Automatisierung vieler Industriebereiche in China ausgelöst. Das Land ist daher 2017 zum weltgrößten Markt für Industrieroboter geworden.

Dieser Mechanismus veranlasst die Autoren des *Akzelerationistischen Manifests* Srnicek und Williams folgerichtig dazu, den Kapitalismus durch höhere Löhne zu mehr Automatisierung pushen zu wollen: »Um die vollständige Automatisierung zu erreichen, ist der Kampf um höhere globale Löhne auf der ganzen Welt eine entscheidende zusätzliche Aufgabe.«[161]

Schulter an Schulter mit den Bots

Die Autoren des Buchs *Human + Machine*, Paul R. Dauherty und H. James Wilson, gehen davon aus, dass wir es derzeit mit einer neuen, dritten Welle der Automatisierung zu tun haben. Die erste Welle bestand ihnen zufolge in der Standardisierung der Produktion im Zuge der Einführung des Fließbands durch Henry Ford vor mittlerweile einhundert Jahren. Die zweite Welle der Automatisierung siedeln sie in den 1970er Jahren an, als Roboter insbesondere in der Industrieproduktion Einzug hielten. Die derzeitige dritte Welle, die sie mit dem Stichwort »Adaption« charakterisieren, beinhalte insbesondere drei Tendenzen: den kleinteiligeren Einsatz von Robotern, die Verwendung kollaborativer Roboter (Cobots) sowie die breite Nutzung von KI-Methoden für deren Optimierung.[162]

Kollaborative Roboter sind kleiner als die bekannten Industrieroboter. Sie können in unmittelbarer Umgebung mit Menschen arbeiten. Ihre Sensorik erlaubt es ihnen, Hindernisse zu erkennen und innezuhalten, sobald ihnen etwas im Weg ist. Im Gegensatz dazu müssen klassische Industrieroboter hinter

Gittern oder in abgeschlossenen Räumen operieren, damit ihnen niemand zu nahe oder zu Schaden kommt. Sie müssen aufwendig umprogrammiert und getestet werden. Cobots wiederum können z. B. schwere Teile platzieren und anreichen, die dann von Menschen bearbeitet werden. »Feste Fließbänder machen flexiblen Mensch/Maschine-Teams Platz, die ad hoc zusammengestellt werden können.«[163] KI-gestützte Algorithmen kommen zum Einsatz, wenn es um die Optimierung von Bewegungsabläufen, das Reagieren auf Hindernisse oder die Erkennung von Umgebungen geht – dank imitierenden Lernens können sie zuschauen, nachahmen, trainieren.

Roboter müssen den drei grundlegenden Prinzipien der Robotik gehorchen, die auf den Science-Fiction-Autor Isaac Asimov zurückgehen. Dieser hatte sie in seinem Buch *Runaround*[164] einem fiktiven Robotik-Handbuch aus dem Jahre 2058 zugeschrieben. Regel eins besagt: Ein Roboter darf keinen Menschen verletzen. Regel zwei legt fest, dass ein Roboter den Befehlen von Menschen gehorchen muss, es sei denn, Regel eins würde verletzt werden. Und drittens muss ein Roboter seine Existenz schützen, es sei denn, das widerspräche einer der ersten beiden Regeln.

Kollaborative Roboter sind besonders gut geeignet, diesen Regeln menschlich-maschinellen Zusammenlebens zu entsprechen. Kumpel-Romantik kommt auf, wenn es heißt, Cobots und Menschen arbeiten fortan »Schulter an Schulter«, etwa bei BMW.[165] Die Cobots sind insofern die KI-gesteuerte Industrievariante der digitalen Assistenten. Wie bei diesen rücken sie uns näher, werden freundlicher, ihre Nutzerschnittstelle wird weicher. Dennoch sind beide Gattungen nicht unsere Kumpel, sondern die Knechte und Mägde ihrer eigentlichen Herren, der Industrieunternehmen einerseits, der Digitalkonzerne andererseits. Automatisierung dient schließlich immer auch als Herrschaftsinstrument.

Täglich lesen wir Nachrichten über Jobs, die von Robotern und KI besser erledigt werden als von Menschen: Die Spanne reicht dabei von Modedesignern über Anwältinnen bis zu Wissensarbeiter*innen jeglicher Couleur.[166] Die Medien beschwören Bilder von schneller Automatisierung und Jobvernichtung. Die Befürchtung, Künstliche Intelligenz im Verein mit Roboterisierung (Industrie 4.0) würde zur massiven Vernichtung von Jobs führen, ist weitverbreitet. So formuliert Stephen Hawking: »Die Automatisierung von Fabriken hat bereits die Arbeitsplätze in der traditionellen Fertigung dezimiert, und der Anstieg künstlicher Intelligenz wird diese Arbeitsplatzzerstörung wahrscheinlich bis in die Mittelschichten hinein ausweiten, wobei nur die fürsorglichsten, kreativsten oder überwachenden Rollen verbleiben.«[167] Der Blogger und Kolumnist Kevin Drum formuliert in seinem vielbeachteten Essay »You will lose your job to robot« salopper: »Egal, was dein Job ist. Irgendwann in den nächsten 40 Jahren werden Roboter deine Arbeit übernehmen.«[168]

Seit 2005 sind in den USA eine Million Jobs in der Produktion weggefallen.[169] Dafür sind mindestens ebenso viele neue, meist im Service-Sektor, entstanden. In den letzten zehn Jahren sind 94 Prozent aller neu geschaffenen Arbeitsplätze in den USA außerhalb traditioneller Beschäftigungsformen entstanden, schreibt der Wirtschaftshistoriker Louis Hyman – gemeint ist abhängige Beschäftigung bzw. Lohnarbeit.[170] Bereits etwa ein Drittel der Beschäftigten und die Hälfte der »jungen Arbeitnehmer*innen« sind ihm zufolge Teil eines befristeten und tendenziell prekären neuen Arbeitsmarktes geworden.[171] In dem Maße, in dem »das Projekt« »die Fabrik« als Paradigma kapitalistischer Organisation ablöst, wird die klassische Lohnarbeit in temporäre, projektorientierte, prekäre Tätigkeit transformiert.[172]

Für Deutschland hat der Ökonom Jens Südekum die Zahlen untersucht: Er kommt zu dem Schluss, hierzulande seien seit den 1990er Jahren über 130.000 Industrieroboter eingesetzt worden. Ein negativer Effekt auf die Beschäftigung sei nicht zu verzeichnen, für jede wegrationalisierte Stelle sei ein neuer Job insbesondere im Dienstleistungsgewerbe entstanden. Aber: »Ein Großteil der Beschäftigten verdient weniger Geld durch die Robotisierung von Arbeit.«[173]

Das Ende der proletarischen Arbeit

Der Historiker und kritische Theoretiker Moishe Postone berichtete in einem 2011 geführten Interview über die verzweifelten Versuche amerikanischer Städte, Arbeitsplätze zu schaffen: »Viele Städte in den Vereinigten Staaten [stellen] zurzeit Berater für die wirtschaftliche Entwicklung ein mit dem Ziel, Arbeit zu schaffen. […] Arbeitsplätze zu schaffen bedeutete noch vor einer Generation, eine Fabrik zu bauen, in der, sagen wir, tausend Arbeiter beschäftigt wurden. Jetzt sind sie mit ganzen fünfzehn Arbeitsplätzen zufrieden. Es wird also ernsthaft eine Menge Geld ausgegeben, um fünfzehn Arbeiter zu beschäftigen. Das wird dann als Fortschritt erachtet, wobei natürlich jeder weiß, dass es das nicht ist.«[174]

Dabei dürfte die historische Tendenz klar sein: Das Kapital schafft die Lohnarbeit zusehends selbst ab. Auch wenn noch ein paar Jahre länger gebaggert werden wird im Braunkohletagebau, auch wenn noch ein paar Jahre länger Dieselfahrzeuge von Hand montiert werden, der historische Trend ist klar: Die Ära der proletarischen Arbeit geht zu Ende, KI ist da nur ein Faktor unter vielen. 150 Jahre nach Erscheinen von Karl Marx' (und Friedrich Engels') Opus magnum wendet sich das Kapital von der schwindenden Profitabilität traditioneller Industrien ab und der Informationsökonomie zu: Die Ausbeutung lebendiger Arbeit im unmittelbaren Produktionsprozess steht nicht mehr an vorderster Stelle auf seiner Agenda.

Die Perspektive von Chris Boos – einem bekannten deutschen KI-Unternehmer und Mitglied der KI-Kommission der Bundesregierung – ist erfrischend. Er geht davon aus, dass künftig 80 Prozent der Arbeit von Maschinen übernommen wird. »Wir haben schon immer unsere eigene Arbeit abgeschafft. Früher hat uns das sogar Spaß gemacht, weil wir zum Beispiel erkannten, dass es nicht allzu erstrebenswert ist, Felsblöcke für eine Pyramide durch die Gegend zu schleppen. Wir fürchten uns eben davor, dass die Maschinen uns überflügeln. Aber dafür bauen wir sie doch! Oder will einer von uns Kran werden? Oder Flugzeug? Oder Blutdruckmessgerät?«[175] Und so jemand berät die Regierung, das stimmt ja geradezu hoffnungsvoll!

Dem Kybernetiker Norbert Wiener war das Arbeitsregime des Fabriksystems zuwider, er schrieb: »Es ist eine Herabsetzung des Menschen, ihn an eine Ruderbank zu ketten und als Kraftquelle zu gebrauchen; aber es ist eine fast ebenso große Herabsetzung, ihm eine sich wiederholende Aufgabe in einer Fabrik zuzuweisen, die weniger als ein Millionstel der Fähigkeiten seines Gehirns in Anspruch nimmt.«[176]

Wiener konnte sich darin der Zustimmung von Karl Marx sicher sein, der in den ökonomisch-philosophischen Manuskripten aus dem Jahr 1844 die missliche Lage, in die das Kapital den Arbeiter in Bezug zur Maschine gebracht hatte, folgendermaßen beschrieb: »Da der Arbeiter zur Maschine herabgesunken ist, kann ihm die Maschine als Konkurrent gegenübertreten.«[177] Diesen Satz zitierte kürzlich der deutsche Bundespräsident auf dem Festakt zu Karl Marx' 200. Geburtstag und fügte hinzu: »Lesen wir einen Marx-Satz wie diesen, dann könnten wir heute nahtlos anfügen: Wenn die Maschine zum Arbeiter aufsteigt, kann sie das erst recht.«[178] Mittlerweile konkurriert die Maschine nicht mehr nur am Fließband mit dem Arbeiter; heute wetteifern die Maschinen des digitalen Kapitalismus zunehmend auch mit Denk-Arbeiterinnen und Arbeitern.

Norbert Wiener betrachtete die (Lohn)Arbeit – ähnlich wie Marx als Knechtschaft und nicht etwa als menschlichen erstrebenswerten Lebensinhalt, Vehikel für Selbstverwirklichung und Garant sozialer Vernetzung, als das sie die Arbeiterbewegung gerne verklärt. Marx bezeichnet die Lohnarbeit als Lohnsklaverei, um deutlich zu machen, dass sie in der Tradition unfreier Knechtung steht. Ein Arbeiter ist freier als ein Sklave, der Leibeigene liegt irgendwo dazwischen, und heute erleben wir die Tendenz zu einer weiteren Befreiung, der Umwandlung von abhängig Beschäftigten in Freelancer, formal Selbstständige und Unternehmer*innen des Selbst. Als solche sind sie keinesfalls frei von Zwängen, im Gegenteil: Leistungsdruck, Existenzängste, Arbeitszeiten nehmen sogar eher zu als ab. Aber wer möchte diese historische Entwicklung hin zu mehr formaler Freiheit zurückdrehen, zurück zur Lohnarbeit, zur Leibeigenschaft, zur Sklaverei? Die erste Option erscheint Vielen noch als wünschenswert, die anderen sind längst jenseits der Vorstellungskraft. Gälte es nicht, sie ebenfalls hinter uns zu lassen, bis die formale Freiheit mit tatsächlicher Freiheit übereinstimmt?

Die Forderung, die sich daraus ergibt, kann nur lauten: Wir sollten aufhören, mit den Maschinen und Algorithmen um Arbeitsplätze konkurrieren zu wollen. Asimovs Roboter-Regeln haben wir bereits kennengelernt. Wir sollten Asimovs Regeln noch eine weitere hinzufügen, die, die den gesellschaftlichen Aspekt der Robotik berücksichtigt und gleichzeitig die Würde sowohl des Menschen als auch der Maschine: Roboter sollten Tätigkeiten, die sie beherrschen, auch übernehmen (dürfen). Menschen sollten nur Tätigkeiten verrichten, die Maschinen nicht können. Welche das sind, und ob z. B. Auto fahren dazu gehören soll, angesichts der Tatsache, dass Maschinen das wohl im Großen und Ganzen besser können (werden), und ob demzufolge Auto fahren zum Freizeitspaß wie Reiten und Kajak fahren wird, sollte debattiert bzw. im *public interest* entschieden werden.

Der Abschied von der proletarischen Arbeit ist eine Voraussetzung dafür, dass wir diese Roboter auch willkommen heißen können. »Wenn wir das gestörte Verhältnis zur Erwerbsarbeit überwinden, können alle Menschen einen würdevollen Platz in der Gesellschaft finden. Mit oder ohne

1. Ein Roboter darf keinem menschlichen Wesen Schaden zufügen.

2. Ein Roboter muss menschlichen Befehlen gehorchen.

3. Ein Roboter muss seine Existenz beschützen.

4. Ein Roboter soll Tätigkeiten, die er beherrscht, auch übernehmen (dürfen).

Asimovs Regeln der Robotik ergänzt

Arbeitsvertrag. Dann könnten wir uns auf die Roboter freuen«, bringt es die Grundeinkommens-Aktivistin Meera Zaremba auf den Punkt.[179] Wenn jetzt wieder Vollbeschäftigung angestrebt wird, dann halte ich dem entgegen: Vollbeschäftigung ja, aber für diejenigen, die das mit der Arbeit am besten können: Roboter und Algorithmen. Jegliche Tätigkeit, die von einer Maschine vollzogen werden kann, soll auch von einer Maschine vollzogen werden.

Bei Rot stehen, bei Grün gehen. Ethik im Zeitalter von Künstlicher Intelligenz

Zu Anfang des letzten Jahrhunderts sahen Straßen gänzlich anders aus als heute: Es gab keine Markierungen, Verkehrszeichen oder gar Ampeln. Fußgänger überquerten immer und überall die Straße, Kinder spielten auf ihr. Herannahende Pferdefuhrwerke und die ersten Autos waren langsam und laut genug, um rechtzeitig auf sich aufmerksam zu machen. Ein, zwei Jahrzehnte später hatte sich das Bild grundlegend gewandelt: Die Straßen gehörten nunmehr den Autos. Als Henry Ford begann, Autos am Fließband zu produzieren, die eine für die damalige Zeit beachtliche Höchstgeschwindigkeit von 80 km/h erreichen konnten, und diese Fahrzeuge sich auf die Straßen Detroits ergossen, musste gehandelt werden, um der Auto-Epidemie Herr zu werden: Das erste Stopp-Schild der Welt, die ersten Ampeln und Zebrastreifen erblickten in der Motor City das Licht der Welt.

Angesichts zunehmender Todesfälle wurde das Auto zum Gegenstand einer grundlegenden ethischen Debatte über seine Verantwortung. Es wurde ernsthaft diskutiert, ob das Automobil von Natur aus böse sei und ob ihm ein eigener Wille zugeschrieben werden könne. Ein Urteil des Berufungsgerichts in Georgia aus dieser Zeit stellt fest, solche Fahrzeuge müssten »als gefährliche Wildtiere eingestuft werden«, wie der Technikjournalist Bill Loumis die damalige Situation schildert.[180] Letztlich wurde die Eigenverantwortung des Fahrzeugs verworfen, stattdessen wurden zum einen die Halter der Fahrzeuge in die Pflicht genommen und zum anderen der Verkehr autogerecht umgestaltet, Ampeln und Verkehrszeichen wurden eingeführt. Fußgänger mussten sich anpassen, sie durften fortan nur noch an Zebrastreifen die Straße überqueren. Rückblickend wäre das Gegenteil nicht nur lächerlich, sondern hätte die Ethik und das Recht, für Mensch und Maschine tragfähige Normen und Sanktionen zu schaffen, in Frage gestellt.

Und heute? Ziemlich genau einhundert Jahre später wiederholen sich die Debatten, wenn es um die Einführung autonomer Fahrzeuge und algorithmische Entscheidungsfindung geht. Wer soll entscheiden, wer ist verantwortlich? Die KI-Expertin Lorena Jaume-Palasí sieht auch heute wieder eine »animistische Sicht auf Entscheidungen treffende Algorithmen« am Werk. Aufgrund fehlender Vertrautheit erscheine KI magisch und führe uns dazu, alte Debatten wieder zu eröffnen, erläutert das Mitglied des Beirats für Künstliche Intelligenz und Big Data der spanischen Regierung. Es mache jedoch auch heute keinen Sinn, über Willen, Güte oder Boshaftigkeit von Algorithmen zu debattieren, auch wenn diese zunächst beeindrucken, erfreuen oder verängstigen können.[181]

Das automatische Auto

Autonomes Fahren steht kurz vor der Markteinführung, Assistenzsysteme erlauben schon teilautonomes Fahren z. B. beim Einparken oder bei Autobahnfahrten.[182] Benötigt werden dabei Kernkompetenzen der IT; Software und Daten sind wichtiger als Aggregate und Ingenieurskunst. Das Potenzial von Smart Cars für besseres als menschengesteuertes Fahren ist immens, menschliche Schwächen wie Müdigkeit, Unkonzentriertheit, Angst, Geltungsdrang werden ausgeglichen. Algorithmen funktionieren zuverlässig und sie lernen dazu: Jeder gefahrene Kilometer optimiert das Gesamtsystem. Der Chef von Waymo, Googles-Tochter für autonomes Fahren, sagt »Wir wollen kein besseres Auto bauen, sondern bessere Fahrer.«[183]

Am 5. Dezember 2018 war es soweit. Die Google-Tochter Waymo gab den Start des weltweit ersten kommerziellen vollautonomen Taxi-Dienstes Waymo One bekannt. Auch wenn bereits Fahrzeuge ohne Testfahrer an Bord unterwegs sind, wird beim Start in ausgewählten Vierteln in Phoenix, Arizona, zunächst immer ein menschlicher Ersatzfahrer dabei sein.

Waymo gilt als führend in diesem Bereich. Diese Rolle haben sie nicht zuletzt dank ihrem immensen Vorsprung an Trainingsdaten gegenüber ihren Verfolgern inne, unter denen sich neben einigen klassischen Autoherstellern insbesondere der Elektroauto-Hersteller Tesla und die Ride-Sharing-Plattform Uber befinden. Gradmesser für die Reife des KI-gesteuerten Systems ist die Anzahl gefahrener Kilometer bevor ein Eingreifen nötig wird. Waymo erreichte derzeit eine Distanz von ca. 5.500 Kilometern, gefolgt von General Motors mit ca. 1.200, die restliche Konkurrenz ist weit abgeschlagen und liegt um mindestens eine Größenordnung darunter. Waymo bestellte Ende 2018 62.000 Plug-in-Hybrid-Pacifica-Minivans und 20.000 vollelektrische I-Pace-SUVs, um seine autonome Flotte auszubauen.[184] Es wird also ernst.

Es gab allerdings auch Unfälle durch Software-Fehler, und so stellt sich die Frage, wer für diese verantwortlich ist und welche Verhaltensweisen im Vorhinein programmiert werden sollen. Ethische Probleme rund um KI lassen sich am Beispiel autonomen Fahrens gut erörtern und sind übertragbar auf andere Bereiche, in denen algorithmische Entscheidungen gefällt werden, wo KI im Spiel ist. Wird es so einfach sein, wie mit der Einführung von Ampeln und Zebrastreifen?

Bentham oder Kant?

Das »Trolley-Problem« ist eine klassische Fragestellung der Ethik. Die gängigste Variante geht so: Ein Zug fährt mit hoher Geschwindigkeit auf eine Weiche zu. Auf dem Gleis sind fünf

Menschen festgebunden. Der Zug kann nicht mehr bremsen. Auf dem Nebengleis ist nur eine Person festgebunden. Eine Testperson hätte noch Zeit, die Weiche umzustellen, um die fünf auf dem Hauptgleis zu retten, würde damit aber auch die Person auf dem Nebengleis opfern. Soll sie aktiv eingreifen, zum Retter der fünf werden und zum Mörder der einen? Oder sollte sie niemanden durch aktives Eingreifen zu Schaden bringen, auch um den Preis eines insgesamt höheren Gesamtschadens?

Wie ließe sich das Trolley-Problem auf ein autonom gesteuertes Fahrzeug übertragen? Die dem Trolley-Problem analoge Situation könnte folgendermaßen aussehen: Ein Fußgänger tritt plötzlich auf die Straße, das Auto kann nicht mehr bremsen und hat nur die Wahl, entweder geradeaus weiterzufahren und den Fußgänger zu töten, oder auszuweichen und in eine Mauer zu fahren und damit den Fahrer zu töten. Hier wird der Mensch, der die Weichen stellt, ersetzt durch die Programmierung des Algorithmus. Die Entscheidung wird also im Vorhinein getroffen und in die Software implementiert.

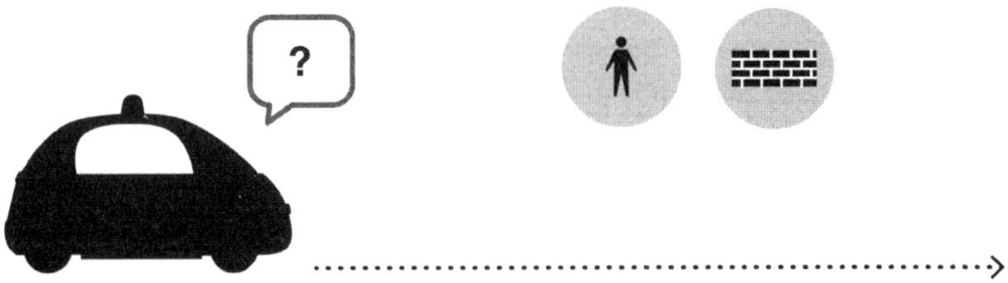

Populistische Ethik

Im Prinzip gibt es bezüglich dieses Gedankenexperiments zwei Lager. Die eine Seite beruft sich auf Jeremy Bentham, den britischen Philosophen, Juristen und Sozialreformer, der als Begründer des modernen Utilitarismus gilt. Ihm zufolge sollten die Menschen danach streben, den Gesamtschaden zu minimieren. Von allen Entscheidungsvarianten sei diejenige vorzuziehen, aus der der größte Nutzen erwachse, selbst dann, wenn in letzter Konsequenz Unschuldige geopfert werden müssten. Die andere Seite fordert mit Verweis auf Immanuel Kant, wir sollten grundsätzlich ethischen Prinzipien folgen, stets moralisch handeln, uns unbedingt an das Postulat »Du sollst nicht töten!« halten.

Spontan mag Bentham eher überzeugen (ein Toter ist besser als fünf Tote!), sein Ansatz ist aber nichts für schwache Nerven. Er führt rasch zu wirklich kniffligen Entscheidungen, die wiederum schwer akzeptabel sind: Was ist, wenn es sich bei der einen Person um ein Kind handelt? Was ist, wenn die Person auf einem Zebrastreifen quert, also »im Recht« ist? Was ist, wenn mehrere Personen betroffen sind? Ändert sich die Entscheidung, wenn fünf Verbrecher bei grün gehen, was ist, wenn die Insassen des Fahrzeugs dieses gestohlen haben?

Was sagt Kant dazu? Wir sollten unter keinen Umständen mutwillig, wissentlich, aktiv jemanden töten. Falls alle anderen Möglichkeiten wie Ausweichen, Vollbremsung etc. nicht möglich sind, muss der Fußgänger dran glauben – ob dieser alt oder jung, im Recht oder im Unrecht ist, spielt dabei keine Rolle. Es wird also nicht aktiv eine Maßnahme eingeleitet, durch die jemand zu Schaden kommt, auch wenn durch das Unterbleiben derselben ein höherer Schaden entsteht.

Ein Forschungsteam am MIT Media Lab kam auf die Idee, die Menschen selbst entscheiden zu lassen. 2014 starteten sie ein großangelegtes Umfrageprojekt namens »Moral Machine«: Die Idee war, auf einer Website Menschen spielerisch dazu zu bewegen, Entscheidungen zu treffen, wie selbstfahrende Autos Leben in verschiedenen Variationen des Trolley-Problems priorisieren sollten.[185] In den vier Jahren, in denen das Experiment durchgeführt wurde, wurden 40 Millionen Entscheidungen von Menschen in 233 Ländern gesammelt. Die Ergebnisse erlauben einen tiefen Einblick in die kollektiven ethischen Prioritäten unterschiedlicher Kulturen. Teilnehmer aus kollektivistischen

Kulturen wie China und Japan schützten die Jungen weniger als die Alten. Stärker individualistisch ausgerichtete Kulturen wie die USA und Großbritannien folgten eher Benthams Minimierung des Gesamtschadens; die Toleranz gegenüber Verkehrssündern war ebenfalls stark unterschiedlich von Land zu Land. Design und Regulierung autonomer Fahrzeuge könnten sich also, folgte die Regulierung diesen Ergebnissen, je nach Land unterscheiden.[186] Aber wie soll dies entschieden werden? Iyad Rahwan vom MIT Media Lab meint: »In der Regel lösen wir diese Art von sozialen Dilemmata mithilfe von Regulierung, indem Regierungen oder Gemeinschaften zusammenkommen und gemeinsam entscheiden, welche Art von Ergebnissen sie wollen und welche Einschränkungen für das individuelle Verhalten sie in die Software implementieren müssen.«[187]

Das Trolley-Problem und seine zahlreichen auf das autonome Fahren zugeschnittenen Abwandlungen lenken allerdings vom Wesentlichen ab: Sie beschreiben eine Extremsituation, die weder im heutigen manuellen noch zukünftig im Algorithmen-gesteuerten Verkehr eine Rolle spielt. Die häufigsten Unfallursachen sind nämlich überhöhte Geschwindigkeit, Nichtbeachten der Vorfahrt und Alkohol am Steuer; in den letzten Jahren ist die Handynutzung dazugekommen. Das Trolley-Szenario oder vergleichbare Fälle ethischer Grenzsituation spielen im Verkehrsalltag keine Rolle. Es handelt sich also bei der Frage »Wen soll das autonome Auto lieber überfahren, die Oma oder den Manager?« und seinen unzähligen Varianten, um eine Nebelkerze und damit um ein hervorragendes Beispiel für KI-Populismus.

Ein Szenario, das gewisse Ähnlichkeiten mit dem Trolley-Problem aufweist und durchaus häufig vorkommt, ist folgendes: Ein anderes Fahrzeug nimmt uns die Vorfahrt, wir weichen spontan aus, um eine Kollision zu vermeiden, geraten in den Gegenverkehr und verursachen damit einen noch größeren Schaden, als wenn wir einfach gebremst hätten und es zu einem Auffahrunfall gekommen wäre. Aufschlussreich ist ein ähnlich gelagerter Unfall mit einem Waymo-Fahrzeug. Das Fahrzeug war in Mountain View in Kalifornien im selbstständigen Modus unterwegs, als der Sicherheitsfahrer bemerkte, dass ein anderes Fahrzeug abrupt auf seine Spur zog. Der Autopilot leitete zwar eine Bremsung ein, blieb aber auf Kollisionskurs. Um den Auffahrunfall zu vermeiden, entschied der Testfahrer, einzugreifen, übernahm das Steuer und wich dem Hindernis aus. Dabei erfasste das Fahrzeug ein Motorrad, das sich auf die benachbarte Spur eingefädelt hatte.[188]

Menschen reagieren, insbesondere in Extremsituationen, oft falsch – Irren ist menschlich. Ihr Fehlverhalten ist durch die Haftpflichtversicherung abgedeckt, deren Grenzen sehr weit gefasst sind; ein Verlust des Versicherungsschutzes tritt nur bei grob fahrlässigem Verhalten ein. Sind Algorithmen am Steuer, können wesentlich strengere Kriterien angelegt werden, denn ihr Verhalten – auch in Extremsituationen – kann zuverlässig programmiert werden. Ein autonomes Fahrzeug wird nie mit Absicht eine Radfahrerin schneiden, einem Fußgänger die Vorfahrt nehmen, noch schnell bei Dunkelgelb Gas geben oder sonstige Rüpeleien begehen, die in unserem nichtalgorithmischen Verkehr alltäglich sind. An die Stelle des Rechts des Stärkeren könnte die Stärkung bislang benachteiligter und schwächerer Verkehrsteilnehmer*innen treten.

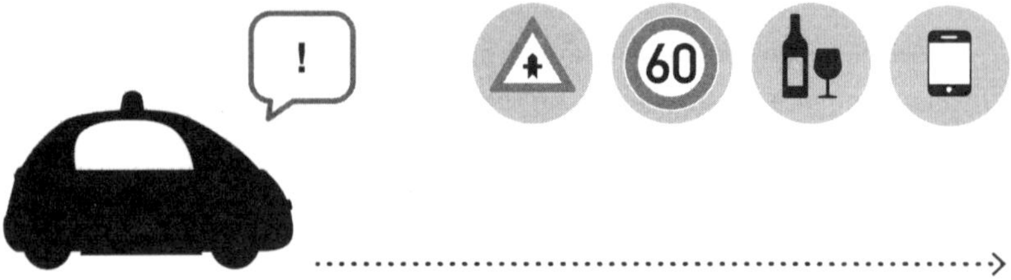

Alltägliche Ethik

Strafzettel für Algorithmen

Im Juni 2017 legte die vom Bundesverkehrsministerium initiierte »Ethik-Kommission Automatisiertes und vernetztes Fahren« ihren Bericht vor.[189] Der erste Satz der Leitlinie lautet: »Teil- und vollautomatisierte Verkehrssysteme dienen zuerst der Verbesserung der Sicherheit aller Beteiligten im Straßenverkehr.« Das hört sich selbstverständlich an, ist es aber nicht. Die Sicherheit aller Beteiligten gleichermaßen ist intendiert, nicht nur diejenige der KFZ-Lenker∗innen oder der Fahrzeuginsassen, wie das übrigens derzeit der Fall ist. Oder hat sich mal jemand gefragt, warum Airbags nicht außen am Fahrzeug angebracht sind, um z. B. Fußgänger und Radfahrer zu schützen? Die Innen-Airbags haben sogar den umgekehrten Effekt, dass die Fahrer sich eine riskantere Fahrweise erlauben können.

Der Kodex enthält 20 Regeln, die in die Software implementiert werden sollen, darunter Rücksichtnahme, vorausschauende Fahrweise oder die Berücksichtigung der Verletzlichkeit anderer Verkehrsteilnehmer∗innen. Die Vermeidung von Personenschäden ist vorrangig, die »Steigerung von Mobilitätschancen und die Ermöglichung weiterer Vorteile« demgegenüber zweitrangig. Das Dokument, das als wegweisend gelten kann, orientiert sich eindeutig an Kant, Regel neun etwa lautet: »Bei unausweichlichen Unfallsituationen ist jede Qualifizierung nach persönlichen Merkmalen (Alter, Geschlecht, körperliche oder geistige Konstitution) strikt untersagt. Eine Aufrechnung von Opfern ist untersagt. Eine allgemeine Programmierung auf eine Minderung der Zahl von Personenschäden kann vertretbar sein. Die an der Erzeugung von Mobilitätsrisiken Beteiligten dürfen Unbeteiligte nicht opfern.« Kantische Moralphilosophie *at its best*! Dem Co-Autor der Leitlinien, dem Professor für Philosophie an der Technischen Universität München Christoph Lütge, ist wohl bewusst, dass diese Regel dem ethischen Empfinden Vieler widerspricht, dass Viele ein Kind eher retten würden als einen finsteren

Gesellen, aber er hält dagegen: »Sowohl aus rechtlichen als auch aus ethischen Gründen kann das Programm Menschen nicht nach persönlichen Merkmalen unterschieden behandeln.« Sein Fazit: »Ethik kann nicht immer Instinkten folgen.«[190]

Wirklich ethisch interessant ist auch die Frage, ab wann eine Technologie zugelassen werden soll, auch wenn sie noch nicht perfekt ist. Dabei müssen die Gesetzgeber tatsächlich die Menschenleben, die durch die Technologie gerettet werden könnten, gegen diejenigen aufrechnen, die einer nicht ausgereiften Technik geopfert würden. Hier sind die USA waghalsiger als etwa die Deutschen. Und autonome Shuttles, wie sie in Berlin verkehren, vielleicht der bessere Ansatz: Seit März 2018 sind dort autonom fahrende, führerlose Elektro-Kleinbusse im Regelbetrieb unterwegs. Auf dem Gelände der Charité und des Virchow-Klinikums können Besucher*innen diesen Service kostenlos nutzen. Der Hersteller Navya hat eigenen Angaben zufolge weltweit über 60 dieser modernen Shuttles im Einsatz. Seit 2017 ist in einem Pilotprojekt der Deutschen Bahn im Kurort Bad Birnbach ebenfalls ein solcher Shuttle unterwegs.

Die in der öffentlichen Debatte im Vordergrund stehenden ethischen Fragen rund ums autonome Fahren schienen eigentlich schon vor zwei Jahrhunderten prinzipiell gelöst. Die eher ökonomischen Fragen rund um Geschäftsmodelle, Daten-Souveränität und gesellschaftlicher Kontrolle und Steuerung der autonomen Mobilitätsrevolution sind es hingegen noch lange nicht. Die zentrale Frage lautet: Wem gehören die Daten und welche Möglichkeiten gesellschaftlicher Kontrolle und Nutzung können für diese Daten gewährleistet werden?

Laut der Leitlinie sollen die Hersteller zur ständigen Optimierung und Überwachung bereits ausgelieferter Software verpflichtet werden – eine Situation, wie wir sie von Computersoftware kennen. Öffentliche Kontrolle und Zulassung der Software sind weitere Eckpunkte des Papiers: Die kommerziellen Betreiber der Algorithmen sollen für diese rechenschaftspflichtig sein. In den Leitlinien heißt es dazu: »Die

Öffentlichkeit hat einen Anspruch auf eine hinreichend differenzierte Aufklärung über neue Technologien und ihren Einsatz.«[191]

Die Ethik von öffentlich und privat

Die Partei Die Linke kritisiert die Empfehlungen der Kommission, befürchtet, Autofahrer*innen würden als »Versuchskaninchen« missbraucht und bringt damit eine anscheinend generelle Skepsis gegenüber nicht-menschlich gesteuerten Fahrzeugen zum Ausdruck. Den Grünen ist die Black Box, eine Art Fahrtenschreiber, die ein halbes Jahr Verkehrsdaten speichern soll, ein Dorn im Auge, sie befürchten, der »gläserne Autofahrer« drohe. Marion Jungbluth wiederum, Mobilitätsexpertin beim Bundesverband der Verbraucherzentralen, spricht von »anlassloser Vorratsdatenspeicherung«.[192] Die vordergründige Sorge um die Autofahrer*innen mutet doch seltsam anachronistisch an. Dennoch: Datenschutzrechtliche Bedenken sind wie bei jeder Datensammlung mehr als angebracht und werfen die wichtige Frage auf, wem diese Daten gehören sollen und wem sie zu welchem Zweck zur Verfügung stehen werden. Es könnten die Hersteller der Fahrzeuge sein, die Hersteller der Software, die Versicherungen oder die Besitzer*innen der Fahrzeuge – im Falle von öffentlichem Verkehr auch die Städte und Gemeinden. Der Kampf um die Verkehrsdaten der Zukunft ist eröffnet.

Die Privatwirtschaft hat das Potenzial des autonomen Fahrens längst erkannt. Plattformkapitalistische Akteure aus dem Silicon Valley und anderswo sehen im vollautonomen Transport lukrative Geschäftsfelder. Der Kampf um die Nutzerdaten ist bereits in vollem Gange. Wird der ÖPNV durch einen proprietären Service ersetzt, diktieren Plattformbetreiber Tarife und Nutzungsbedingungen und heimsen die anfallenden Daten ein. Autonome Mobilität ist natürlich keinesfalls dem Pkw vorbehalten, die Schwelle zur tatsächlichen Einführung des autonomen Fahrens ist für Busse, Lkw und Shuttles sogar niedriger, weil die Anforderungen überschaubarer sind: Festgelegte Routen, reservierte Fahrspuren und feste Fahrpläne erleichtern ihre Steuerung. In all diesen Fällen wäre in Deutschland auch heute schon ein vollautonomer Fahrtbetrieb gesetzlich möglich.

Autonomes Fahren bietet die Chance, Teil eines intelligenten – sprich mit Echtzeitdaten versorgten und vernetzten – öffentlichen Verkehrs zu werden. Der Verband Deutscher Verkehrsunternehmen (VDV) sieht »auch neue Chancen, da vollautonome Fahrzeuge auch als Teil einer öffentlichen Flotte (Roboter-Taxis, Car-Sharing) bzw. als Teil des ÖPNV eingesetzt werden können. Auf diese Weise eröffnet sich die Chance für nachhaltige Verkehrskonzepte, die umfassende Mobilität mit viel weniger (und effizient genutzten) Autos, weniger Autoverkehr und mehr ÖPNV realisieren.«[193] Ein Effekt, der linken Vorstellungen von urbaner Mobilität sehr entgegenkommt – ganz zu schweigen von dem enormen Gewinn für Umwelt und Gesundheit. Die Kommunen könnten hier Vorreiter sein, gleichzeitig den Übergang zu erneuerbaren Energien im Stadtverkehr beschleunigen und durch Experimente mit autonomen Shuttles die Automatisierung der eigenen Angebote vorantreiben.

Der vollständig autonome (fahrerlose) Fahrbetrieb wird sich in Deutschland, anders als etwa in den USA, voraussichtlich zuerst in Nischen etablieren, in denen feste Fahrwege auf Privatgelände zurückgelegt werden. Seit September 2018 fährt in der brandenburgischen Hauptstadt Potsdam eine fahrerlose Straßenbahn, zunächst im Testbetrieb. Auch U-Bahnen werden heutzutage als autonome Fahrzeuge geplant und gebaut, z. B. in Barcelona. Autonome öffentliche Fahrzeuge im Kollektivtransport sind einfacher zu implementieren, erfreuen sich höherer Akzeptanz und werfen weniger ethisch problematische Grenzfälle auf, nicht zuletzt, weil weder Fahrer*in noch Fahrgäste prononcierte individualistische Interessen haben. Als Fahrgast gebe ich ja meine Autonomie auf, vertraue mich einem System bzw. einer Fahrerin oder einem Fahrer an – anders als der Individualmotorisierte, der sich der Illusion hingeben kann, der beste Fahrer weit und breit zu sein, und dabei glaubt, sein Risiko selbst bestimmen zu können.

Was ist mit den Robotern?

Vermissen Sie hier die entgegengesetzte Perspektive? Haben Roboter und KI nicht auch Rechte? Wenn wir Roboter mit einem Bewusstsein ihrer selbst programmieren, dürfen wir sie dann einfach abschalten? Darf ich einem Roboter ein Bein stellen? Ist es okay, Alexa zu beschimpfen, sollte sie nur reagieren, wenn wir »Bitte« sagen? Sollten Roboter Persönlichkeitsrechte bekommen? In Japan können sie z. B. schon beerdigt werden, wenn sie ausfallen. Solche und ähnliche Fragen blieben hier bisher unberücksichtigt.

Wenn jemand einen Kaugummi unter den Tisch klebt, dann ist das kein tadelloses Verhalten, aber nicht, weil der Kaugummi misshandelt worden wäre, sondern weil dieser Mensch sich in einer Weise verhält, die wir als nicht beispielhaft oder rücksichtsvoll erachten. Der entsprechende Mensch verhält sich nicht ethisch-moralisch, regelkonform bzw. sympathisch. Ein Kind, das einer Puppe die Gliedmaßen ausreißt, mag Anlass zur Sorge geben, aber nicht die Puppe sollte unser Mitgefühl und unsere Intervention triggern, sondern das Kind. Wenn es zur sozialen Konvention wird, »Bitte« zu sagen, oder auch Roboter zu beerdigen, mit ihnen Frühsport zu treiben (wie in Japan), dann meinetwegen. Alle Fragen dieser Art sollten aus dem Blickwinkel des Menschen beantwortet werden.

Der ehemalige Kulturstaatsminister Julian Nida-Rümelin nimmt in seinem Vorschlag für eine Ethik im Zeitalter der KI ebenfalls diese Perspektive ein: KI-ethisch sei das, was den Menschen nützt.[194] Das hört sich zunächst banal oder selbstverständlich an, kann aber doch als Leitlinie dienen, denn es ist ein Prinzip, das universell anwendbar und überprüfbar ist. Angewandt auf das autonome Fahren bedeutet das z. B., dass die Nutzung der Technik gerechtfertigt ist, sobald sie deutlich weniger Schaden verursacht, als der gegenwärtige Zustand mit überwiegend menschlichen Fahrer*innen. Und auch die Perspektive stimmt: Wenn Implementierung, Einsatz und Integration allen Menschen dienen und zu einer höheren Lebensqualität für alle führen, dann sind sie willkommen.

Haupthindernis für die Erreichung dieses Ziels dürfte dann – wie eigentlich immer schon, sobald es um Technologie geht – nicht diese selbst sein, sondern ihre interessierte Verwendung.

Die kapitalistische Anwendung von Technologie ist das Problem: Das Verwertungsinteresse des Kapitals lässt jegliche moralischen und ethischen Ansprüche an Grenzen stoßen. Es ist also nicht die Technik selbst, die uns ethische Standards diktiert, sondern das »automatische Subjekt«[195] (Marx), das hinter unserem Rücken und durch uns hindurch agiert, und auch die Technik selbst quasi infiziert mit seiner Logik, insofern diese auch nicht leicht von jenem zu trennen ist.

Auf dem Weg zum Voraussage-Kapitalismus

Google ist schon seit mindestens 15 Jahren die weltbeste Suchmaschine, und daran dürfte sich auch in Zukunft wenig ändern. Bereits 2014 bezeichnete der Suchmaschinenexperte Marcus Tandler Googles Vorsprung bei den für die Web-Suche relevanten Daten auf vier bis fünf Jahre: »Das ist nahezu uneinholbar.«[196] Dass die Großen der KI heute, in den USA wie in China, dieselben sind wie die, die die digitalkapitalistische Plattformökonomie beherrschen, ist auch kein Zufall. KI-basierte Produkte, wie persönliche Assistenten, Chatbots oder Software für das autonome Fahren erreichen Produktreife und stehen kurz davor, den Massenmarkt zu erobern. Beim derzeitigen Boom der KI stehen auch keine bahnbrechenden wissenschaftlichen Erkenntnisse im Vordergrund, sondern wir treten ein in das »Zeitalter der Implementierung«, so der chinesische Risikokapitalanleger und KI-Experte Kai-Fu Lee.[197] Der Deep-Learning-Pionier Andrew Ng wiederum vergleicht die derzeitige Welle von KI-getriebenen Anwendungen mit dem Aufkommen der Elektrizität. Sie werde zur Grundtechnologie für eine Vielzahl digitaler Applikationen der Zukunft werden.[198]

Für die KI-getriebene Phase plattformkapitalistischer Verwertungsmodelle sind insbesondere folgende Aspekte wesentlich: Nutzerdaten als zentraler Rohstoff der digitalen Ökonomie werden ausgewertet und in das System plattformkapitalistischer Verwertungsmechanismen zurückgespeist. Datenverarbeitung läuft zunehmend in Echtzeit ab, d.h. nahezu simultan mit entsprechenden Prozessen in der Realität. Beides zusammen führt zu einer kontinuierlichen Verbesserung bereits ausgelieferter Produkte und Dienste. Die Möglichkeit der Voraussage zukünftiger Ereignisse und die Monetisierung dieser Vorhersagefähigkeit sind die Folge. Bei allen Aspekten – User-Daten-Ausbeutung, perpetuierte Innovation in Echtzeit und Voraussagefähigkeit – spielen KI-Technologien eine entscheidende Rolle. Ernst Bloch bemerkte schon vor langer Zeit, und dem will ich mich hier anschließen, »daß die jeweils letzte Maschine, welche die spätbürgerliche Technik erzeugt, die beste sei«[199]. Ihre Funktion als digitalkapitalistischer Profit-Maschine macht KI zur derzeit besten Maschine des Kapitals.

General intellect in der Feedback-Schleife

Karl Marx hatte im sogenannten »Maschinenfragment«[200] ein Zukunftsszenario ausgemalt, das gleichzeitig die logische Extrapolation des kapitalistischen Drangs zur Anwendung von Wissenschaft und Technik in der Produktion war: Ein Grenzfall kapitalistischer Produktionsweise, in dem die unmittelbare Arbeit in der Ware vernachlässigbar wird gegenüber dem Anteil von Wissen (*knowledge*), das zu seiner Herstellung in diese eingeht. Dieses Szenario ist in letzter Konsequenz gleichbedeutend mit der menschenleeren Fabrik und der Anwendung des Wissens der Welt (*general intellect*) in unmittelbarer Form. Marx zufolge führt dies zwingend zum Ende der kapitalistischen Produktionsweise, da kein Mehrwert und damit kein Profit mehr erwirtschaftet wird.

Dass das Wissen der Welt zur unmittelbaren Produktivkraft wird, erleben wir bereits heute. Die Produkte von Google & Co. sind nichts weiter als Derivate dieses allgemeinen Wissens. Die Digitalkonzerne schaffen es aber, und das ist das Neue und Verblüffende, uns dieses Wissen widerzuspiegeln als Services, mit denen sie es entweder in proprietäre Form verpackt vermieten oder querfinanzieren, indem sie ihren monopolistischen Informationszugriff auf z. B. Suchergebnisse, Kunden- oder Social-Media-Daten bei Dritten, z. B. Werbepartnern, monetisieren.

Die User befinden sich in einem »hybriden Zustand«, so die beiden Wissenschaftlerinnen Kate Crawford und Vladan Joler vom AI Now Institut der NYU. KI-getriebene Produkte wie etwa Smart-Home-Geräte oder künstliche Sprachassistenten erfüllen gleich mehrere Bestimmungen: Ihre Käufer*innen stellen einerseits eine Ressource dar, insofern sie beständig neue Sprachkommandos hervorbringen, die als Trainingsdaten zur Optimierung des Systems eingesetzt werden. Gleichzeitig leisten sie kostenlose Arbeit, indem sie unbezahlt Feedback liefern über das Funktionieren der KI. Sie sind Kund*innen, aber auch Produkt: Ihre Aktionen, Entscheidungen und Vorlieben können registriert und als Profil an Anzeigenkunden veräußert werden. »Diese Kombination aus Verbraucher, Kunde, Arbeiter, Ressource und Produkt ist etwas völlig Neues« schreiben die beiden Autorinnen in ihrer fundierten Analyse von Amazons Alexa, in der sie auf einer Karte minutiös ausbreiten, was Amazons Echo im Innersten antreibt, von »Datenminen bis hin zu Lithium-Seen«.[201]

Analoge Produkte vernichten sich im Gebrauch selbst, mal langsamer, mal schneller. Ein Sofa nutzt sich ab, eine Schallplatte beginnt bereits zu zerfallen, wenn sie gerade produziert ist, jedes Abspielen verändert sie zum Schlechteren. Ganz anders bei digitalen Gütern, diese verschleißen nicht, weder beim Gebrauch noch beim Duplizieren. Digitale Information, ein Code, ein Bild, eine MP3-Datei, ist auch nach tausendfachem Gebrauch noch genauso gut wie am ersten Tag. Und jede Kopie ist genauso gut wie das Original. Ja, man könnte sagen, es gibt überhaupt kein Original, nur noch Kopien, denn Original und Kopie sind ununterscheidbar. Diese vertrackte Eigenschaft digitaler Daten ist es, die neue Formen kapitalistischer Verwertung zwangsläufig hervorgebracht hat: bequeme Streaming-

Services zu Flatrates statt Verkauf physischer Datenträger, Zugang statt Besitz.

Digitale Dienste, die durch KI-Feedback auf sich selbst rückgekoppelt sind, verschleißen ebenfalls nicht, im Gegenteil: Sie werden immer besser. Auf der Internationalen Funkausstellung 2018 in Berlin schwärmte Jo Seong-jin, der Vorstandschef des Unterhaltungselektronik-Riesen LG, von unter dem Schlagwort »Evolve« präsentierten KI-Technologien, eine »sich durch fortgesetzte, akkumulierte User-Interaktion weiter entwickelnden Maschine.«[202] Diese ermöglichten Seong-jin zufolge neue Produkte, die niemals schlechter, sondern sogar *on the fly* besser würden. Im Zug ihrer Benutzung verändern sie sich, lernen dazu, bekommen neue Features, werden gar zu einem ganz neuen Produkt. Für den Hersteller eines Sofas oder einer Schallplatte, der auf natürliche oder absichtlich herbeigeführte Obsoleszenz setzt, mag das verrückt klingen.

Die Historikerin Tessa Morris-Suzuki beobachtete schon vor über 20 Jahren, dass »frei verfügbares soziales Wissen zur Herstellung von Information angeeignet und zu einer Quelle privaten Profits verwandelt wird. Wir haben uns von Marx' Vorstellung des klassischen Kapitalismus entfernt, in dem Rohmaterialien zu Marktpreisen eingekauft werden und daher die Quellen der Ausbeutung nur im Arbeitsprozess selbst liegen können.«[203], schrieb sie. Im Zuge dieser Entwicklung beschreibt die britische Marxistin Morris-Suzuki die grundsätzlich neue Rolle, die Innovation in diesem Zusammenhang zukommt. Innovationen ermöglichen es dem Kapital, billiger zu produzieren als die Konkurrenz und damit wettbewerbsfähiger zu werden, die Konkurrenz zwingt sie darüber hinaus unablässig dazu, Innovationen vorzunehmen. Sie beschrieb damals am Beispiel von Software, wie diese als unfertige Version ausgeliefert wird und sich erst im Laufe der Benutzung zu einem ständig zuverlässigen Produkt entwickelt. Heute ist das bei Software gang und gäbe: Sie ist nie fertig, nahezu täglich werden Updates, Bug-Fixes, Patches ausgeliefert und wie die inkrementellen, also schrittweise erfolgenden Verbesserungen sonst noch heißen. Folge dieses kontinuierlichen Optimierungsprozesses, der nicht zuletzt durch User-Feedback gefüttert wird, ist ein Innovationskontinuum mit Produkten, die sich ständig verändern. Morris-Suzuki nannte das darauf basierende Verwertungsmodell »perpetual innovation economy«.[204]

Dass dieser Mechanismus nicht auf die Informationsbranche beschränkt bleibt, zeigt der Autobauer Tesla. Tesla-Chef Elon Musk kündigte im Oktober 2015 in einem legendär gewordenen Tweet ein Update für das Betriebssystem der Tesla-Modellreihe S an: »Einige aufregende Neuigkeiten in dieser Woche: Tesla Version 7 mit Autopilot steht ab Donnerstag zum Download bereit!«[205] Seit 2015 werden neue Fahrzeuge mit der für das autonome Fahren nötigen Ausstattung an Sensoren sowie einem Bordcomputer, auf dem ein neuronales Netz implementiert ist, ausgeliefert. Die Software läuft mit eingeschränkter Funktionalität. Wichtige Features der Fahrzeuge werden als Update ausgeliefert, nachdem das Produkt schon längst beim Kunden ist – als würde ein Sofa beim Kunden über Nacht zum Bettsofa erweitert.

Die Kund*innen testen die Beta-Version der Software im laufenden Betrieb und liefern diese Trainingsdaten in Echtzeit an Teslas Server. Die Crowd bringt also der Software das Fahren bei, die Tesla-Fahrer*innen bewegen sich in einem dezentralisierten Trainingscamp für Teslas KI. Tesla ist so zu einem erstrangigen Player rund ums autonome Fahren geworden, und das ohne nennenswerte Forschungsabteilung, sondern einfach durch den Beitrag, den die Tesla-Kund*innen selbst durch die Benutzung der Fahrzeuge zur Entwicklungsarbeit leisten. Das Unternehmen setzt also bei der Weiterentwicklung seiner Fahrzeuge auf das Prinzip der stetigen User-getriebenen Innovation.

Echtzeit-Ökonomie

Handelsübliche Rechenmaschinen verfügen über Prozessor-Taktraten von zwei bis drei GHz, d.h. sie können zwei bis drei Milliarden Operationen pro Sekunde ausführen; die neusten Chips in Apples iPhone sind sogar doppelt so hoch getaktet. Für uns liegen solche Takte außerhalb unserer Vorstellungskraft. Ein Beispiel: Wenn wir zügig einen Text auf einer Tastatur eingeben, schaffen wir um die 100 Anschläge pro Minute, Geübte schaffen auch 200. Der Prozessor könnte aber deutlich mehr vertragen, nämlich theoretisch zwei Milliarden Anschläge pro Sekunde. Der Prozessor muss also nach einem Buchstaben, den er als Eingabe erhalten hat, für seine Verhältnisse eine Ewigkeit warten, bis der nächste kommt. Menschliche Bediener müssen der Maschine unendlich langsam vorkommen, so als würden wir einen Text zu lesen bekommen, bei dem alle 31 Jahre ein Buchstabe erscheint.

In der Anfangszeit der Computer gab es noch Stapelverarbeitung, die oft über Nacht eine Liste an Aufgaben erledigte. Seitdem hat sich die Geschwindigkeit der Datenverarbeitung um viele Größenordnungen erhöht. Latenzen, also die Zeitintervalle zwischen einem Befehl und der Reaktion darauf werden immer kürzer. Bei Online-Anwendungen liegen sie im Zehntelsekunden-Bereich, in der Industrie geht der Trend hin zu noch kürzeren Reaktionszeiten im Millisekunden-Bereich. Der Trend zu Echtzeit hat alle Bereiche der Ökonomie erfasst, völlig neue Geschäftsfelder, wie z.B. der Hochfrequenzhandel sind entstanden. Um Management-Entscheidungen in Echtzeit zu ermöglichen hat der führende Business-Software-Hersteller SAP den *digital boardroom* entwickelt, eine Software zur Anzeige sämtlicher Unternehmensprozesse bis hinunter auf die Ebene einzelner Transaktionen quasi in Echtzeit, also mit minimaler Verzögerung.

Auch bei KI-Anwendungen ist die Zeit ein kritischer Faktor. Maschinelles Lernen erfordert neben vielen Daten auch viel

Zeit. Haupthindernis für den Einsatz von KI war bisher die Langsamkeit der Lernprozesse, in denen menschliche Supervision (in Handarbeit) in vielen Iterationen nötig ist. Ansätze von nicht-überwachtem Lernen versuchen hier die Lern-Zeit zu reduzieren, indem sie menschliche Interaktion minimieren. Was ist, wenn die Zeit, die ein neuronales Netz benötigt, um etwas wirklich Neues zu lernen, immer mehr schrumpft, gar so kurz wird, dass die Wartezeiten vernachlässigbar werden, und wir von Lernen oder Trainieren in Echtzeit sprechen können?

Ein Ansatz, der das versucht, ist One-Shot-Learning: Algorithmen sollen hier eine neue Aufgabe bearbeiten, nachdem sie nur einen einzelnen Datenpunkt erhalten haben. In einem 2016 veröffentlichten Artikel beschrieben Forscher der UC Berkeley ein Robotersystem, das Objekte zuverlässig greifen kann, die es vorher nur ein einziges Mal gesehen hat. Der Algorithmus des Roboters wurde zuerst trainiert, indem Videos von Menschen und Robotern betrachtet wurden, die eine Vielzahl von Objekten aufnahmen. Dann kam der »One-Shot«-Teil: Das System sah ein einzelnes Video eines Menschen, der mit einem unbekannten Objekt hantierte, und musste dann nachahmen, was es sah.[206] Immer öfter wird auf Lernen im Simulator gesetzt. Die Forscher*innen von OpenAI statteten einen Roboter namens Dactyl mit einer Software aus, die vorher im Simulator das Halten und Drehen eines Würfels geübt hatte. Das Äquivalent von vielen hundert Jahren an Testläufen, die in der realen Welt nötig gewesen wären, konnten die Forscher*innen in wenigen Echtzeit-Tagen bewältigen.[207]

Zwei Jahre nach dem Sieg von AlphaGo, eines – wir erinnern uns – speziell zu diesem Zweck von Google DeepMind entwickelten neuronalen Netzwerks, über einen der weltbesten Profispieler am Go-Brett, stand im Wissenschaftsmagazin *Nature* zu lesen, die Nachfolgesoftware AlphaGo Zero habe sich das Spiel selbst beigebracht, ohne menschliche Hilfe und ohne mit historischen Partien gefüttert worden zu sein.[208] AlphaGos Erfolg zwei Jahre zuvor war noch das Resultat aufwendigen Trainings mit menschlichen Gegnern gewesen; demgegenüber spielte AlphaGo Zero nur mit sich selbst: in einer einzigen Nacht spielte es 1,2 Millionen Partien mit sich selbst und legte dabei eine Datenbank guter Züge an, entwickelte Strategien und lernte in Feedback-Schleifen mit sich selbst. Nach drei Tagen war die neue Version bereits besser als ihre Vorgängerin, nach 40 Tagen war sie unschlagbar geworden. Das Programm lief zudem auf einem einzigen Computer mit vier Spezialprozessoren statt auf mehreren Rechnern mit insgesamt 48 Prozessoren. »Grob eine Zehnerpotenz Verbesserung bei den meisten relevanten Größen«, bescheinigt der Informatiker Satinder Singh der Software.[209] Hier findet also ein qualitativer Sprung statt: Wenn die KI so schnell lernen, dass es nicht mehr Jahre, Monate, Wochen, Tage, Stunden, Minuten dauert, sondern Sekunden, wir also nur kurz warten müssen, bis das System sich schlau gemacht hat, dann bekommt Zeit im Kapitalismus eine neue Dimension. Dann verändert sich jedes KI-Produkt in Echtzeit.

Als Google 2014 die britische Firma DeepMind kaufte, war diese kaum bekannt. Heute hingegen ist klar, dass DeepMinds KI-Technologien für den Mutterkonzern zentral geworden sind: Datenanalyse mit Hilfe von KI-Technologien, Deep-Learning-Verfahren für die Verbesserung von Nutzerschnittstellen, verschiedene Techniken für die Steuerung von Robotern, die Entwicklung von Software für das autonome Fahren – in all diesen Bereichen sind DeepMinds Ergebnisse für den Mutterkonzern von großer Bedeutung. DeepMinds Know-how ist in den Kern seiner Verwertungsmaschinerie vorgedrungen nach dem Schema: Viele Daten + KI-Algorithmen = profitable Geschäftsmodelle. DeepMind könnte so zur »Algorithmen-Fabrik« für Alphabet werden,[210] mutmaßt *The Economist*. DeepMinds KI-Know-how kombiniert mit den größten Datensammlungen der Welt, über die Google verfügt, machen deren Allianz überaus schlagkräftig.

Ökonomie der Empfehlung

Achtzig Prozent aller konsumierten Inhalte auf der Online-Streaming-Plattform Netflix, die in 190 Ländern Geschäfte macht, wurden den Nutzer*innen vorher empfohlen. Diese Zahl bedeutet, dass der Streaming-Dienst in vier von fünf Fällen voraussagen kann, was wir sehen werden, noch bevor wir es selbst wissen. Wie schafft Netflix diese beeindruckende Quote passender Empfehlungen? Zum einen klassifiziert Netflix die Inhalte nach 2000 Kategorien, zum anderen beobachtet es anhand vieler Parameter die Sehgewohnheiten von 250 Millionen Accounts.[211] Diese Unmenge an Daten wird in Echtzeit eingespeist in einen selbstlernenden Algorithmus – heraus kommen als Output die Empfehlungen.[212] Auch Amazon erzielt 35 Prozent seiner Umsätze aufgrund von Vorschlägen, die der Empfehlungs-Algorithmus errechnet, wie einer – allerdings aus dem Jahr 2013 stammenden – Analyse von McKinsey zu entnehmen ist.[213]

Wäre es da nicht möglich, erst gar nicht die Bestellung abzuwarten, sondern gleich zu liefern, zu streamen? Das mag verstörend klingen, und bei derzeitigen Trefferquoten nicht zielführend erscheinen, der Rücksende-Aufwand für den Kunden dürfte den Convenience-Effekt übersteigen, die Kosten dafür in die Höhe schnellen. In der Zukunft allerdings, wenn die Trefferquote besser wird oder auch nur, um der Erste zu sein, der das macht und damit einen strategischen Vorsprung zu erzielen, scheint ein solches vorauseilendes Liefern ohne vorangegangene Bestellung in den Bereich des Möglichen zu geraten. Dies vorausgeschickt, dürfte es nicht mehr überraschen, dass Amazon im Jahre 2013 bereits ein Patent registrieren ließ für »antizipatorisches Einkaufen«.[214]

Das klingt nach Science Fiction, erscheint aber als logischer nächster Schritt im Voraussage-Kapitalismus: Akzeptanz beiseite – der Nutzen für die Kund*innen liegt auf der Hand, insbesondere, wenn die Kosten und der Aufwand für Retouren nicht auf sie umgelegt werden. Einer der Schlüsselfaktoren in dieser Gleichung ist die Qualität und Genauigkeit der Vorhersagen. Wie bei der automatischen Bilderkennung dürfte es bald so weit sein, dass erste Feldversuche in diese Richtung in Angriff genommen werden. Das Szenario bringt das Kapital seinem Traum ein wenig näher, in die Zukunft schauen zu können und die bange Erwartung – ob sich die Ware verkaufen, der Tauschwert realisieren lässt – zu minimieren.

Aber was ist mit den Filmen, die mir nicht empfohlen wurden, die ich vielleicht lieber gesehen hätte? Was ist mit Produkten, die ich nicht zu Gesicht bekommen habe, mit Nachrichten, die an meinen (bzw. genauer: den von den Gatekeepern an meiner statt angelegten) Filtern nicht vorbeigekommen sind? Ich werde es nie erfahren. Das Ziel der Plattformen ist nämlich, dass ich so viel wie möglich schaue, kaufe, lese, nicht etwa, dass ich Neues entdecke, mich bilde oder Ähnliches. Bei YouTube ist bekannt, dass immer krassere Videos die Zuschauer*innen am ehesten bei der Stange halten.[215] Die programmierten Ziele sind es, die zu Filterblase und zu Radikalisierung führen. Das ist kein demokratischer Mechanismus, eine Shopping-Mall ist ja auch keine Stadt, auch wenn sie so tut als ob. Das Problem verschärft sich noch, wenn etwa Sprach-Interfaces nur noch wenige oder gar nur eine einzige Alternative anbieten. Die Auswahlmöglichkeiten werden so – bedingt durch die Eigenheiten der Nutzerschnittstelle – noch weiter eingeschränkt.

Empfehlungen gehören zu den schwer überprüfbaren Ergebnissen des KI-Outputs. Geschmack ist formbar – so werden angenommene Empfehlungen leicht zur *self-fulfilling prophecy*. Wenn ich das Buch gekauft, das Foto geliked, die Nachricht geteilt habe, hat die Empfehlung meinen Geschmack getroffen oder aber dieser hat sich eben geändert: Die Vorhersage ist eingetreten, und alle sind zufrieden. Wer fragt da noch nach Alternativen, die die Vergangenheit bereitgehalten hätte? Die beeindruckenden Vorhersage-Quoten von Amazon und Netflix erscheinen so in einem neuen Licht: Diese haben vielleicht eher mit Pfadabhängigkeit und sich selbst erfüllenden Prophezeiungen zu tun, für den ökonomischen Erfolg sind solche Zweifel allerdings unerheblich.

Das Kapital schaut in die Zukunft

Die beiden KI-Experten der Unternehmensberatung Accenture und Verfasser von *Human + Machine*, Paul R. Daugherty und H. James Wilson, wollen »Menschen, die über ihr Unternehmen, ihr Team oder ihre Karriere nachdenken, die notwendigen Kenntnisse vermitteln, durch die sich im neuen Zeitalter der KI die Gewinner von den Verlierern unterscheiden.«[216] Auch die drei kanadischen Autoren des gerade erschienenen Buchs *Prediction Machines*[217] wollen Managern bei der Entscheidung helfen, wo und wie sie KI-Technologien in ihren Unternehmen einsetzen können, um ihre Kapitalrendite zu verbessern. »Unsere erste Erkenntnis«, konstatieren sie, »ist, dass die neue Welle künstlicher Intelligenz uns keine Intelligenz bringt, sondern eine entscheidende Komponente der Intelligenz – Vorhersagefähigkeit.«[218] Sie sprechen davon, dass die »Stückkosten« pro maschineller Vorhersage stetig fallen, und verbinden dies mit der Output-Rate von KI-Anwendungen, die an Moores Gesetz erinnert, also der empirischen Feststellung, dass sich die Leistungsfähigkeit von Computern alle ein bis zwei Jahre verdoppelt.[219] Menschliche Vorhersagefähigkeit hingegen steige jedoch nicht in vergleichbarem Maße.[220] Maschinen können nicht denken, aber sie können Prognosen treffen, und das ist für das Kapital interessant. Jack Ma, Gründer von Alibaba, meint sogar, KI würde dazu führen, dass das (chinesische) Kapital Marktunsicherheiten generell überwinden könne und schlussendlich erlauben würde, »die Planwirtschaft zu verwirklichen«.[221]

Ein Beispiel für vorauseilende, auf Voraussagen beruhende Aktivität stellt die Praxis von Kreditkarten-Unternehmen dar, KI-Techniken einzusetzen, um ungewöhnliche, d.h. vom üblichen Muster abweichende und mutmaßlich betrügerische Transaktionen zu detektieren. Dies geschieht schon seit längerer Zeit, meist ziehen solche Ereignisse eine Kontaktaufnahme mit den betroffenen Kunden nach sich. Ab einer gewissen Treffsicherheit, wenn sogenannte *false positives* (irrtümlich diagnostizierte Fälle) vernachlässigbar sind, lohnt es sich, nicht erst auf Feedback der Kund*innen zu warten, sondern ihnen gleich eine neue Karte auszustellen. Auch in der Industrie ist der Blick in die Zukunft ein wichtiger KI-getriebener Trend. Software kann mittlerweile vorhersagen, wann mit hoher Wahrscheinlichkeit ein Bauteil oder Werkzeug ausfallen oder verschlissen sein wird. Sie erlaubt, Einsatz und Verschleiß einer Maschine zu überwachen und mit Hilfe von KI-Modellen Ausfälle und Wartungsszenarien präzise vorherzusagen. Starre Wartungsintervalle können durch flexible vorausschauende Wartung abgelöst werden.

Die Harvard-Professorin Shoshana Zuboff hebt auf den Zusammenhang dreier Faktoren dieses neuen Kapitalismus ab: User-Daten-Generierung, die Verwertung eben dieser Daten durch die Plattformen und die damit intrinsisch einhergehende umfassende Überwachung. Diese Verquickung von Überwachung, Datensammlung, Identifizierung in ungekanntem Ausmaß und ihr Nutzen, ihre Verfügbarkeit, ihre Bequemlichkeit gehörten zum Kern des Digitalen Kapitalismus und seien untrennbar mit dessen Ideologie und dessen Geschäftsmodellen verknüpft. Sie spricht daher vom »Überwachungskapitalismus«.

Die für die Ausbeutung von Big Data zentralen Technologien rund um KI bezeichnet die Wirtschaftswissenschaftlerin als »äußerst teures, hochentwickeltes und exklusives ›Produktionsmittel‹ des 21. Jahrhunderts«[222]. Der Überwachungskapitalismus beansprucht Zuboff zufolge »einseitig menschliche Erfahrung als Rohstoff zur Umwandlung in Verhaltensdaten. Ein Teil dieser Daten dient der Verbesserung von Produkten und Diensten, den Rest erklärt man zu proprietärem *Verhaltensüberschuss*, aus dem man mithilfe fortgeschrittener Fabrikationsprozesse, die wir unter der Bezeichnung ›Maschinen- oder künstliche Intelligenz‹ zusammenfassen, *Vorhersageprodukte* fertigt, die erahnen, was [die User] jetzt, in Kürze oder irgendwann tun. Und schließlich werden diese Vorhersageprodukte auf einer neuen Art von Marktplatz für Verhaltensvorhersagen gehandelt, den ich als Verhaltensterminkontraktmarkt bezeichne.«[223]

Zuboff beschreibt ein ökonomisches Verwertungsmodell, das dreistufig funktioniert. In offensichtlicher Analogie zum Mehrwert bei Marx, den die Arbeiter im Produktionsprozess an das Kapital abführen, legt sie einen Mechanismus offen, innerhalb dessen die Nutzer*innen »Mehrverhalten« (*behavioural surplus*) auf möglichst vielen Kanälen liefern. Die Nutzer*innen liefern gleichzeitig auch das Vorhersage-Produkt, nämlich verwertbare Information, dies entspricht der Ware als Ergebnis des Produktionsprozesses. Schließlich werden diese Vorhersageprodukte auf einem eigens eingerichteten Verhaltensmarkt veräußert.

Wir erleben derzeit eine Art zweite Phase der KI-Entwicklung, in der die Technologien von den Digitalkonzernen massenmarktfähig gemacht und somit zur Alltagstechnologie werden. Die Technologien werden vom Digitalen Kapitalismus eingesetzt, um sein plattformkapitalistisches Verwertungsmodell zu konsolidieren. Gespeist durch User-Daten generieren sie KI-getriebene Dienste, verbessern diese mit Hilfe der User selbst, verwerten gleichzeitig die User-Daten, und spielen die kontinuierlich optimierten Dienste den Kunden zurück in einem ewigen Kreislauf als perpetuierte Innovation mit immer besserer User-Experience. Die Gatekeeper der KI-Anwendungen sind die üblichen Verdächtigen: Dic Digitalkonzerne aus dem Silicon Valley und ihre chinesischen Pendants.

KI ist eine Technologie, um Big Data auszuwerten, kostenlose User-Arbeit effizienter zu verwerten und die digitale Workforce zu überwachen, ganz wie das Fließband einerseits Rationalisierung, andererseits Machtinstrument in der Fabrik war.

Der datenextraktive Kapitalismus der Plattformen versucht sich mit ihrer Hilfe zu konsolidieren, dabei gleichzeitig Fuß zu fassen in fremden Branchen und seine KI-Technologien zum unverzichtbaren Standard zu machen. Ob es um die plattformkapitalistische Verwertungsmaschinerie, die Überwachung von digitaler Arbeit, von Kunden und Nutzerinnen geht oder um die Zukunft bzw. Prekarisierung der Arbeit: In allen drei zentralen Fragen im Rahmen des Digitalen Kapitalismus spielen KI-Technologien eine wichtige Rolle. Der Medienwissenschaftler und Netzaktivist Geert Lovink fordert eine »kritische Theorie der Vermittler, die in ihrem Wesen technisch, kulturell und ökonomisch ist«[224], und die Debatte um Alternativen jenseits der Verwertungslogik, verschiedenster Formen fremdbestimmter Arbeit und die persönliche Freiheit bedrohender Entwicklungen zu führen, eine Kritik kapitalistischer KI zu leisten und vernünftige Alternativen zu entwickeln.

Public Service Society: für eine gesellschaftliche Debatte um Ziele und Inhalte von KI-Anwendungen

Sind Roboter eine größere Bedrohung für die freie Welt als Nordkorea? Oder droht durch KI der Dritte Weltkrieg? Ersteres meint der Kommentator des *Washington Examiner* angesichts der Hunden ähnelnden Roboter von Boston Dynamics.[225] Und für die nukleare Befürchtung steht Elon Musk Pate. Dem gegenüber stehen euphorische Überzeugungen: »Künstliche Intelligenz wird uns erlauben, alle Probleme der Welt zu lösen. Sie wird auf der ganzen Welt entscheidende Veränderungen bringen, insbesondere im Gesundheitssektor«,[226] so die Journalistin Rosa Jiménez Cano. Und Bill Gates meint, KI werde »unser Leben produktiver und kreativer machen«.[227]

»Es liegt vermutlich in der Natur des Menschen«, gibt der KI-Experte Patrick van der Smagt zu bedenken, Systemen künstlicher Intelligenz »unbewusst menschliches Verhalten oder sogar ein Bewusstsein zu unterstellen. Doch das interpretieren wir natürlich nur hinein. Ein Algorithmus lernt, indem er Daten mit mathematischer Wahrscheinlichkeit auswertet. Nicht mehr, und auch nicht weniger.«[228] Wir neigen dazu – daran hat sich seit Weizenbaums Eliza nichts geändert –, emotional auf technische Neuerungen zu reagieren. Wir sind von großäugigen Pflegerobotern angetan. Wir staunen: »So intelligent sind die schon ...« Wir fürchten: »Kollege Roboter macht uns arbeitslos« und fragen uns bang: »Wann übernehmen die Maschinen die Kontrolle?«

Dies wird von den Marketingabteilungen der Hersteller,

von Forschungsinstitutionen und Softwarefirmen ausgenutzt. Sie sind geschult darin, uns mit Bildern und Metaphern gezielt in die Irre zu führen, Emotionen zu erzeugen und Anthropomorphismen bei uns auszulösen: Wir schließen von einer Eigenschaft, die menschenähnlich ist, z. B. Sprachfähigkeit, Augenrollen oder auf Beinen gehen, auf weitere solche Fähigkeiten. Auf der anderen Seite jedoch sind wir für düstere Szenarien empfänglich, ein wohliger Schauer läuft uns über den Rücken, wenn wir etwa einen Artikel über die »dunkle Macht der Algorithmen«[229] lesen.

Wir kennen das aus der Politik: Die Simplifizierung komplexer Sachverhalte wird verknüpft mit Appellen an die Gefühlsebene zur Verschleierung handfester Interessen – dies finden wir oft in den Meldungen, Bildern und Videos aus den Marketingabteilungen, die die Debatten bestimmen. Ich bezeichne dies als KI-Populismus.

Wenn heute von Künstlicher Intelligenz die Rede ist, dann in den allermeisten Fällen von einem Teilbereich, der sich mit maschinellem Lernen überschreiben lässt. Mit Patrick Langley könnte man diese auf spezialisierte Aufgaben trainierten kognitiven Systeme als »gelehrte Idioten« (*idiots savants*) bezeichnen, die zwar eine besondere Begabung in einem bestimmten Feld aufweisen, außerhalb desselben aber zu nichts zu gebrauchen sind.[230] Auch *maschinelles Lernen* ist ein trügerischer Begriff, seine Mechanismen haben nichts mit selbstreflexivem Denken zu tun, dafür viel mit statistischer Datenanalyse und antrainierter Mustererkennung. Wir sollten die Begriffe lieber vermeiden und stattdessen von Software mit Trainingsdaten-Analyse sprechen oder zumindest die irreführende Konnotation derselben immer mitdenken. Außerdem schlage ich vor, dass wir die Frage, ob oder wie »intelligent« ein Algorithmus oder eine Maschine sind, ebenfalls vermeiden und stattdessen fragen, welche Aufgaben sie wie genau lösen. Wir sollten auch fragen: Wem gehören sie, welche Ziele verfolgen ihre Herren, und was macht das mit uns?

Emotionale Reaktionen auf Algorithmen, Roboter und KI verschleiern nur deren Funktionsweise und die Zielvorgaben, die ihre Meister ihnen mitgegeben haben. Wenn wir sie aber nüchtern betrachten, dann werden Eliza, Deep Blue oder Watson plötzlich zu etwas ganz und gar Irdischem. Das Verständnis davon, wie eine gegebene Software oder ein Automat die ihm aufgetragenen Aufgaben löst, entmystifiziert diese, egal, ob es sich bei der gelösten Aufgabe um eine einfache Rechnung, um das Steuern eines Fahrzeugs oder das Führen eines Gesprächs in natürlicher Sprache handelt. Wir sollten uns nicht vor der Superintelligenz fürchten, sondern vor schlecht programmierter KI. Vor KI, die privaten Firmen gehört, deren Diener ist und nicht in erster Linie dazu da uns zu nutzen.

Der datenindustrielle Komplex

Die umfangreichsten Ressourcen, die meiste Rechenkapazität, die besten Leute, die klügsten Wissenschaftler, die avanciertesten neuronalen Netze, die umfangreichsten Datenbanken, kurz, das Beste, was die Menschheit an Wissen hervorgebracht hat, dient – abgesehen von Marketing-Gags wie Go-Spielen und Feigenblättern wie besserer Krebsvorsorge – in erster Linie dazu, herauszufinden, was wir als nächstes kaufen werden.

KI steht im Zentrum des gegenwärtigen Digitalen Kapitalismus. Seine Protagonisten wollen ihre weltweit dominierende Rolle in Ökonomie und Gesellschaft ausbauen, ihre Geschäftsmodelle konsolidieren und ihr Verwertungsmodell sichern. Ob es um die plattformkapitalistische Verwertung oder die Überwachung von digitaler Arbeit, ob es um Kund∗innen und Nutzer∗innen geht oder um die Zukunft bzw. Prekarisierung der Arbeit, in allen drei zentralen Fragen spielen KI-Technologien eine wichtige Rolle. Künstliche Intelligenz steht an der Schwelle zum Massenmarkt und zur Alltagstechnologie in einem auf Big Data, User Generated Content und der Etablierung plattformkapitalistischer Ökosysteme folgenden logischen Schritt: Plattformkapitalismus 2.0.

Der Digitale Kapitalismus hat einen neuen Gesellschaftsvertrag etabliert: Daten gegen Bequemlichkeit. Kostenlose private Dienste treten an die Stelle öffentlicher Dienste und werden zunehmend Bestandteil der Daseinsvorsorge. Technologien rund um Cloud Computing und Künstliche Intelligenz dienen zur Konsolidierung dieses *New Deal.* In China entsteht derweil eine staatsmonopolistische, panoptische Variante des Überwachungs- und Vorhersage-Kapitalismus, die mit dem Silicon-Valley-Modell in Konkurrenz tritt. Gründe genug, eine Debatte um Alternativen jenseits der Verwertungslogik zu führen. Wir brauchen eine Kritik der politischen Ökonomie der Datengesellschaft, eine Datenwende, genau wie wir auch eine Verkehrs- und Energiewende brauchen.

75 Prozent der digitalen Daten der Welt haben wir, die User, erstellt. Doch wir wissen wenig über sie, und sie gehören uns nicht. Sollen wir von den Konzernen verlangen Privatsphäre zu achten und damit aufzuhören? Shoshanna Zuboff verweist diese Vorstellung ins Reich des Wunschdenkens, wenn sie betont, dass Datenextraktion und deren Verwertung so zentral sei, dass »von Überwachungskapitalisten zu verlangen, sie sollten die Privatsphäre achten oder der kommerziellen Überwachung im Internet ein Ende setzen, [so wäre], als hätte man Henry Ford dazu aufgefordert, jedes T-Modell von Hand zu fertigen.«[231]

Der Rechtswissenschaftler Viktor Mayer-Schönberger und der Journalist Thomas Ramge sind mit ihrem Vorschlag einer Daten-Sharing-Pflicht auf Resonanz gestoßen: Im Kern schlagen sie vor, große Datenbesitzer zu zwingen, Daten mit Mitbewerbern zu teilen, sobald sie eine marktbeherrschende Position aufgrund dieser Daten erlangt haben.[232] Der Vorschlag, den z.B. die SPD-Vorsitzende Andrea Nahles aufgenommen hat, geht die Monopolbildung an; der Vorteil der Großen mit ihren Datensammlungen soll eingedämmt werden, indem nach bestimmten Regeln kleinere Firmen und Mitbewerber ebenfalls Zugriff auf diese Daten erhalten. Die von den Autoren als »erfolgreiche gesellschaftliche Innovation« bezeichneten »Märkte« sollen es auch diesmal richten. Am privaten Besitz und der privatwirtschaftlichen Verwertung dieser »Feedback-Daten«, deren Bedeutung die Autoren erkennen, ändert sich dadurch nichts, von öffentlichem oder gemeinschaftlichem Zugang zu Daten ist nicht die Rede.

Datenkommunismus

Aber wem sollen die Daten gehören? In den Zeiten vor Big Data gehörten sie zwangsläufig den Einzelnen, weil sich üblicherweise niemand für diese interessierte; der Versuch der Stasi, mit einer Armee an Spitzeln und Agenten so etwas wie Big Data hinzubekommen, ist kläglich gescheitert. Heute fallen immense Datenmengen in digitaler Form quasi automatisch an und müssen nur noch geerntet werden, was die Digitalkonzerne auch ausgiebig tun. Sollen wir, wie einst die Ludditen die Maschinen des Kapitals zu zerstören begannen, heute diese privaten Datensammlungen zu vernichten versuchen? Die Zeit zurückdrehen zu einer Ära, in der es höchstens *small data* gab, also mühsam von Hand – bzw. wie bei der Volkszählung von Tür zu Tür – gesammelte Daten? Oder gibt es eine Möglichkeit, die kapitalistische Datenökonomie quasi »nach vorn« aufzulösen?

Vielleicht lässt sich mit den Datensammlungen ja was Sinnvolles anstellen? Ein beträchtlicher Teil davon ist bestimmt überflüssig, aber die Grundlage einer datengetriebenen Technik sollten wir nicht über Bord werfen, dafür gibt es zu viele vernünftige Anwendungen, die eintönige Arbeit überflüssig machen, zu neuen Erkenntnissen führen, personalisierte Information liefern können und vieles mehr. Auch die Konzentration und Monopolbildung müssen nicht unbedingt schlecht sein, es leuchtet ein, nur eine Suchmaschine, nur eine Bibliothek, nur einen Einzelhändler, nur einen Verkehrsbetrieb zu betreiben. Nick Srnicek: »Das Problem sind aus meiner Sicht nicht in erster Linie die Monopole, sondern die Ziele dieser Monopole.«[233] Mehr Konkurrenz, mehr Wettbewerb führt nicht zu besseren Services, solange die Zielvorgaben und die Eigentumsverhältnisse nicht in Frage gestellt werden.

Die Netzaktivist*innen der *Berliner Gazette* veröffentlichten schon 2016 ein »Big Data Manifesto«, in dem sie sich für Umwandlung von Daten in Commons, sprich Gemeineigentum aussprachen. Da wir alle es sind, die diese Daten entweder individuell oder kollektiv erzeugten, »sollten wir uns auch dafür einsetzen, die Rechte und Kompetenzen zur Verwaltung und Kontrolle dieser Daten zu erlangen. Big Data sollten Commons sein.«[234] Auch die Datenzentren sollten dem Manifest zufolge in Gemeineigentum überführt werden, eine internationale, interessengruppenübergreifende Steuerungsgruppe solle die Schirmherrschaft übernehmen und die Schaffung im kollektiven Besitz befindlicher Dateninfrastrukturen betreiben. Weitere Prinzipien sind der Aufbau lokaler Netze und die konsequente Verwendung freier und quelloffener Soft- und Hardware sowie die Verwendung offener Protokolle und Verschlüsselungswerkzeuge. In der Stadt Barcelona wird unter der Ägide der linken Bürgermeisterin Ada Colau seit einiger Zeit ein solcher Ansatz verfolgt, mit dem Ziel, der Stadt ihre Datensouveränität zurückzugeben.[235]

Dem Paradigma der Datenextraktion des Digitalen Kapitalismus sollten wir ein neues Paradigma entgegensetzen, auf Extraktion mit Expropriation antworten, Datenausbeutung mit Daten-Commons kontern. Wir sollten eine Internationale der Datenarbeiter*innen bilden, die alle Daten in einer weltweiten Datenbank sammelt, auf die alle Zugriff haben, eine Art Wikipedia für alles. »Seit Jahren dreht sich alles um die Verteidigung der persönlichen Freiheit, geht aber nie darüber hinaus«, meint auch der französische Kapitalismuskritiker Eric Sadin. Er hält die Zeit für gekommen, die Frage nach vorne aufzulösen und zu »kollektiven Freiheiten« zu gelangen, zu denen »jeder Einzelne sein Sandkorn beisteuern kann«.[236] Wir sollten auch nicht zurückkehren zu dem alten Slogan »meine Daten gehören mir«, sondern auf einen neuen Gesellschaftsvertrag hinarbeiten, der da lautet: »Unsere Daten gehören uns.« Anonymisierte Daten sollten zu öffentlichen Gütern und zur Grundlage öffentlicher Daseinsvorsorge erklärt werden, sie sollten der Allgemeinheit gehören.

Ein CERN für alles

Der Präsident der Europäischen Gesellschaft für Künstliche Intelligenz, EurAI, fordert ein CERN für die KI.[237] Er liefert damit ein gutes Stichwort: An diesem europäischen Grundlagenforschungszentrum im Dreiländereck Schweiz, Frankreich und Deutschland entwickelte Tim Berners-Lee vor 25 Jahren das World Wide Web. Mit der Seitenbeschreibungssprache HTML, dem Übertragungsprotokoll http und dem ersten Web-Browser wurden hier die Technologien entwickelt, die bis heute die technische Grundlage der Online-Welt bilden. Sie waren von Anfang an als quelloffene, lizenzfreie und von internationalen Gremien geleitete öffentliche Güter angelegt, und daran hat sich bis heute nichts geändert.

Im Oktober 2018 verkündete der Erfinder des Netzes, seine Kreation sei mittlerweile voll mit den »falschen Leuten, den falschen Ideen und falschen Wahrheiten«. Deshalb rief er in einem leidenschaftlichen Appell zu einer Neuerfindung des Netzes auf. Er kündigte einen neuen Grundlagenvertrag für das Netz an, der auf einer Reihe von Prinzipien für Unternehmen, Regierungen und Bürger*innen basieren soll. Bis zum Mai 2019, wenn voraussichtlich die Hälfte der Weltbevölkerung ans Netz angeschlossen sein wird, sollen daraus vollwertige Richtlinien entwickelt sein. Dazu gehört das Versprechen, dass Unternehmen »die Privatsphäre und die persönlichen Daten der Verbraucher respektieren«.[238]

Das netzkritische Kollektiv Ippolita aus Italien wies bereits 2015 darauf hin, es geht darum, »die Logik radikaler Transparenz umzukehren und auf die Technologien, die wir täglich nutzen, anzuwenden.«[239] Doch das genügt nicht. Selbst die Digitalkonzerne sprechen sich jüngst für Regulierung, Offenheit und Respekt von Privatsphäre aus. Aber Offenheit und Transparenz, Regulierung und Kontrolle, Privatsphäre-Einstellungen und Datenschutzverordnungen reichen offensichtlich nicht aus, um den datenindustriellen Komplex aus der Ruhe zu bringen. Zu den Erstunterzeichnern von Tim Berners-Lees Magna Charta für das Web gehören – man höre und staune: Google und Facebook.

Jetzt geht es darum die Eigentumsfrage zu stellen und statt mehr Wettbewerb und Transparenz eine radikal andere Logik der Plattformen einzufordern: das Wissen der Welt eher in Form einer öffentlichen, gut strukturierten Bibliothek zu organisieren und geplant einzusetzen. Allgemeines Wissen verbliebe in der public domain und würde nicht nachträglich privatisiert, lizenziert, verwertet – dann könnte Marx zufrieden sein, denn der Cyberkommunismus wäre verwirklicht. Die Technologien rund um KI sollten vergemeinschaftet, die weltweiten Datensammlungen für die öffentliche Nutzung freigegeben werden. Die Plattformen des Digitalen Kapitalismus sollten enteignet und unter öffentliche Kontrolle gestellt, kurz: Der Digitale Kapitalismus insgesamt sollte in ein daten-kommunistisches Forschungslabor verwandelt werden.

Wir brauchen ein CERN für die digitale Welt, eine öffentliche, transparente, nicht privatkapitalistischen Interessen untergeordnete Forschungsinstitution, die die weltweiten Datensammlungen, die Plattformen des Digitalen Kapitalismus, das Wissen der Welt uns allen zur Verfügung stellt. Ein Forschungslabor, in dem über die Nutzung von Daten, die Ziele von Algorithmen, Sinn und Zweck von Datensammlungen debattiert, Optimierungsszenarien vereinbart werden und das das Wissen der Welt für deren Verbesserung einsetzt.

Wer Mark Zuckerbergs Auftritt vor dem Kongressausschuss gesehen hat, könnte angesichts seiner Mischung aus Schuldgefühlen und Ich-kann-nicht-anders vermuten, dass er und seinesgleichen sogar froh wären, wenn wir sie zur Ruhe setzten und sie von der Last befreiten, *by all means* der Kapitalrendite hinterherzujagen.

Anmerkungen

Übersetzungen fremdsprachiger Zitate sind, sofern nicht anders angegeben, vom Autor.

1 Zitiert nach: Anne Kunze, »Ada und der Algorithmus«, in: *DIE ZEIT* Nr. 5/2014, 23.01.2014.

2 Alan M. Turing, »Computing machinery and intelligence«, in: *Mind*, 59 (1950). 433-460.

3 So lautet übrigens auch der Titel des Films über Turings Verdienst auf dem Gebiet der Kryptoanalyse, dem Einbruch in das »Enigma« genannte Verschlüsselungssystem der Wehrmacht mit Hilfe einer Rechenmaschine: Morten Tyldum (Regie), *The Imitation Game*, USA 2014.

4 Alan M. Turing, »Computing machinery and intelligence«, S. 433.

5 Ebenda.

6 Judith Butler, *Das Unbehagen der Geschlechter*. Suhrkamp, Frankfurt am Main 1991.

7 Jerry Kaplan, Guido Lenz, *Künstliche Intelligenz*. Mitp Verlags GmbH & Co. KG, Frechen 2017, S. 15.

8 J. McCarthy, M. L. Minsky, N. Rochester, C.E. Shannon, »A proposal for the Dartmouth Summer Research Project on Artificial Intelligence«, 31.08.1955.

9 Jerry Kaplan, Guido Lenz, *Künstliche Intelligenz*, S. 1.

10 John Searle, »Can Computers Think?«, in: David Chalmers, *Philosophy of Mind: Classical and Contemporary Readings*. Oxford University Press, Oxford 1983, S. 670.

11 Ebenda.

12 Bernhard Dotzler, »Know/Ledge. Versuch über die Verortung der Künstlichen Intelligenz«. In: *MaschinenMenschen*, Katalog zur Ausstellung des Neuen Berliner Kunstvereins, 1989, S. 128.

13 Hector J. Levesque, *Common sense, the Turing test, and the quest for real AI.* MIT Press, Cambridge, Massachusetts 2017.

14 The Merriam-Webster Dictionary: intelligence.

15 Claude E. Shannon, »A Mathematical Theory of Communication«, in: *Bell System Technical Journal*, Juli 1948, 27 (3), S. 379–423.

16 Jerry Kaplan, *Artificial Intelligence: What Everyone Needs to Know*. Oxford University Press, New York 2016, S. 7.

17 Joseph Weizenbaum, *Inseln der Vernunft im Cyberstrom? Auswege aus der programmierten Gesellschaft*. BpB, Bonn 2006, S. 81.

18 Joseph Weizenbaum, *Die Macht der Computer und die Ohnmacht der Vernunft*. Suhrkamp, Frankfurt am Main 1977, S. 19.

19 Ebd., S. 20.

20 Moritz Honer, »›Der Evolution ist ja egal, ob wir glücklich sind‹«, in: *Der Tagesspiegel*, 03.09.2017.

21 Kenneth C. Laudon, Jane P. Laudon, *Management information systems: managing the digital firm*. Prentice Hall, Upper Saddle River, N.J. 2002.

22 »Ich bin derzeit etwas pessimistisch.« Nick Srnicek im Gespräch, in: *OXI, Wirtschaft anders denken*, Ausgabe Oktober 2018, S. 6.

23 »Amazon gibt am meisten für Forschung aus«, in: *ZEIT ONLINE*, 24.10.2017. Rani Molina, »Tech companies spend more on R&D than any other companies in the U.S.«, in: *Recode*, 01.09.2017.

24 Richard L. Brandt, *Ein Klick. Der Aufstieg von Amazon und Jeff Bezos*. Redline-Verlag, München 2013, S. 12.

25 Barry Jaruzelski, Volker Staack, Aritomo Shinozaki, »Software-as-a-Catalyst«. Strategy-Business.com, 25.10.2016. Justin Fox, »Amazon Isn't Just Spending Big Bucks on Groceries.« Bloomberg, 16.06.2017. Statista, »Ranking of the 20 companies with the highest spending on research and development in 2018«.

26 Mike Orcutt, »Why IBM Just Bought Billions of Medical Images for Watson to Look At«, in: *MIT Technology Review*, 11.08.2015.

27 Daniel Keyes, »These are the key implications of the Walmart-Google partnership to take on Amazon«, in: *Business Insider*, 24.08.2017.

28 »Walmart and Google Are Taking On Amazon with AI«, in: *MIT Technology Review*, 23.08.2017.

29 Jay Greene, Sarah Nassauer, »Amazon Foes Walmart and Microsoft Deepen Tech Partnership«, in: *The Wall Street Journal*, 17.07.2018.

30 Tom Dotan, Priya Anand, »Walmart Plots Rival to Netflix, Amazon Prime Video«, in: *Theinformation.com*, 17.07.2018.

31 Evgeny Morozov, »Digital democracy and technological sovereignty«. Panel Diskussion 13.12.2016.

32 Jürgen Flauger, »Wir sind eine Art Airbnb der Energiewirtschaft«, in: *Handelsblatt*, 16.11.2017.

33 Daniel Houben, Bianca Prietl, *Datengesellschaft. Einsichten in die Datafizierung des Sozialen*. Transcript, Bielefeld 2018.

34 Statista, Number of available apps in the Apple App Store from 2008 to 2018.

35 Nick Srnicek, *Platform Capitalism*. Polity Press, 2017, S. 48.

36 Karl Marx, *Das Kapital*, MEW Bd. 23, S. 697.

37 Wladimir Iljitsch Lenin, *Der Imperialismus als höchstes Stadium des Kapitalismus*. 1917; ders., *Der Imperialismus und die Spaltung des Sozialismus*. 1916.

38 G. Günter Voß, Hans J. Pongratz, »Der Arbeitskraftunternehmer. Eine neue Grundform der Ware Arbeitskraft?« In: *Kölner Zeitschrift für Soziologie und Sozialpsychologie* 50, 1998, S. 131-158.

39 Alex J Wood, Mark Graham, Vili Lehdonvirta et al, *Good Gig, Bad Gig: Autonomy and Algorithmic Control in the Global Gig Economy*. Sage, Oxford 2018.

40 Steven Millward, »In China, laid-off coal miners turn to the Uber economy«, in: Techinasia.com, 21.07.2016.

41 Michael Hardt, Antonio Negri, *Empire*. Harvard University Press, Cambridge, Mass. 2000.

42 Karl Marx, *Grundrisse*, MEW Bd. 42, S. 602.

43 Joachim Bischoff et al., *Vom Kapital lernen. Die Aktualität von Marx' Kritik der politischen Ökonomie*. VSA, Hamburg 2017, S. 65. Marx zitiert nach: MEW Bd. 23, S. 526, 504.

44 Nick Srnicek, Ursel Schäfer, *Plattform-Kapitalismus*. Hamburger Edition HIS, Hamburg, 2018, S.11.

45 Wolfgang Streeck, *Gekaufte Zeit: Die vertagte Krise des demokratischen Kapitalismus.* Frankfurter Adorno-Vorlesungen 2012. Suhrkamp, Berlin 2015, S. 44.

46 Karl Marx, *Das Kapital*, MEW Bd. 23, S. 16.

47 Ian MacKenzie, Chris Meyer, Steve Noble, *How retailers can keep up with consumers*. McKinsey Studie, Oktober 2013.

48 Arthur L. Samuel, »Some Studies in Machine Learning Using the Game of Checkers.« *IBM Journal of Research and Development*, 1959.

49 Stephen D Krashen, *Explorations in language acquisition and use.* Heinemann, Portsmouth, N.H. 2003.

50 David Silver et al., »Mastering the Game of Go without Human Knowledge«, in: *Nature*, Vol. 529, 28.01.2016.

51 Zur Vertiefung vgl. z. B.: Andreas Kroll, *Computational Intelligence. Probleme, Methoden und technische Anwendungen*. De Gruyter Oldenbourg, Berlin 2016.

52 Ethem Alpaydin, *Machine learning. The new AI.* MIT Press, Cambridge, MA 2016, S. 166.

53 Steve LeVine, »Artificial intelligence pioneer says we need to start over«, in: Axios, 15.07.2017.

54 »La Fundación BBVA premia al artífice de las primeras máquinas capaces de aprender«, bbva.com, 17.01.2017.

55 Garry Kasparov, *Deep Thinking: where machine intelligence ends and human creativity begins*. John Murray Publishers, London 2018, S. 100.

56 Bild: Google.

57 Felix Stalder, *Kultur der Digitalitat̉*. Suhrkamp, Berlin 2016, S. 56.

58 Kathrin Passig, »Fünfzig Jahre Black Box«, *Merkur*, Nr. 823, Dezember 2017.

59 Stanislaw Lem, *Summa technologiae*. Suhrkamp, Frankfurt am Main 1981, S. 172.

60 Sigmund Freud, *Vorlesungen zur Einführung in die Psychoanalyse*, (18. Vorlesung) Fischer, Frankfurt am Main 1980, S. 226.

61 Frank Pasquale, *The Black Box Society. The Secret Algorithms*

That Control Money and Finance. Harvard University Press, Cambridge, 2015.

62 Alan Greenspan, *Financial Times*, 29.03.2011, Zitiert nach: Robert Pringle, *The Money Trap: Escaping the Grip of Global Finance.* Palgrave McMillan, New York 2012, S. 197.

63 The White House, Economic Perspectives on Incarceration and the Criminal Justice System, April 2016.

64 U.S. Department of Justice, Correctional Populations in the United States, 2015.

65 Statista, Bevölkerung – Zahl der Einwohner in Deutschland nach Altersgruppen am 31. Dezember 2017 (in Millionen).

66 McKinsey Global Institute, »Automation potential and wages for US Jobs«, 01.10.2018.

67 Javier DeCendra, »Ya se puede automatizar la mitad de las tareas de un abogado«, 04.01.2018.

68 Bettina Heintz, *Die Herrschaft der Regel.* Campus, Frankfurt am Main 1993.

69 Megan Garber, »When Algorithms Take the Stand.« In: *The Atlantic*, 30.06.2016.

70 *The Wire*, Season Five, Opening Scene, https://www.youtube.com/watch?v=AJ5aIvjNgao

71 Ed Yong, »A Popular Algorithm Is No Better at Predicting Crimes Than Random People.« 17.01.2018.

72 Jason Tashea, »Courts Are Using AI to Sentence Criminals. That Must Stop Now«. *Wired*, 04.07.17.

73 Daniel Newman, »La inteligencia artificial quiere ser la nueva ›máquina de la verdad‹ en los juicios«, 08.03.2018.

74 Jürgen Holl, Günter Kernbeiß, Michael Wagner-Pinter, *Das AMS-Arbeitsmarktchancen-Modell*, Synthesisforschung, Oktober 2018, S. 11.

75 Ingrid Brodnig, »Negativfaktor Frau«. In: *Profil* 43/2018, 20.10.2018.

76 Jeffrey Dastin, »Amazon scraps secret AI recruiting tool that showed bias against women«. Reuters, 10.10.2018.

77 Cathy O'Neill, Karsten Petersen, *Angriff der Algorithmen. Wie sie*

Wahlen manipulieren, Berufschancen zerstören und unsere Gesundheit gefährden. Carl Hanser, München 2017.

78 Bertelsmann Stiftung (Hrsg.), *Ethik für Algorithmiker. Was wir von erfolgreichen Professionsethiken lernen können.* 1. Auflage 2018.

79 Alfredo G. A. Valladão, *Masters of the Algorithms. The Geopolitics of the New Digital Economy from Ford to Google*. The German Marshall Fund of the United States. Washington 2014.

80 »Algorithmic accountability«, in: *Communications of the ACM*, Februar 2016, Bd. 59, No. 2, S. 56- 62.

81 AlgorithmWatch, *Das ADM-Manifest*, 2018.

82 Tobias Matzner, »Opening Black Boxes is not enough. Data-based Surveillance in Discipline and Punish and Today«, in: *Foucault Studies*, No. 23, S. 27-45, S. 28.

83 Brad Smith, »Facial recognition technology: The need for public regulation and corporate responsibility«, Microsoft-Blog, 13.07.2018.

84 Anna-Verena Nosthoff, Felix Maschewski, »›Democracy as Data‹? – Über Cambridge Analytica und die ›moralische Phantasie‹«. *Merkur*, 06.02.2017.

85 Europäische Datenschutz-Grundverordnung, Artikel 22: »Automatisierte Entscheidungen im Einzelfall einschließlich Profiling«.

86 James Vincent, »Tim Cook warns of ›data-industrial complex‹ in call for comprehensive US privacy laws«, in: *The Verge*, 24.10.2018.

87 Tobias Matzner, »Opening Black Boxes is not enough«. A.a.O., S. 28.

88 Ebd., S. 35.

89 Daniel Houben, Bianca Prietl, *Datengesellschaft.* S. 7.

90 Steffen Mau, *Das metrische Wir. Über die Quantifizierung des Sozialen*. Suhrkamp: Berlin 2017, S. 203.

91 Janakiram MSV, »How Google Turned Open Source Into A Key Differentiator For Its Cloud Platform«, in: *Forbes*, 09.07.2017.

92 Will Knight, »Don't be AI-vil: Google says its algorithms will do no harm«, in: *MIT Technology Review*, 07.06.2018.

93 Sundar Pichai, »AI at Google: our principles«. Blogpost auf Blog.google. 07.06.2018.

94 Google, *General Guidelines*, 20.07.2018.

95 Zu einer ausgiebigen Diskussion des Dokuments siehe z.B.: https://searchengineland.com/what-is-quality-content-251071

96 Hanna Hoikkala, »Bankers and Chatbots: ›She Still Doesn't Know a Lot of Things.‹« Bloomberg, 17.07.2018. Human and Machine, Seite 61 Aida, Seite 157 Amelia

97 Accenture the Netherlands, »How AI Helps Banks and Insurers Achieve Strategic Priorities‹«, 23.02.2017.

98 Verena Dauerer, »Alexa, Alice und Co. – Die neuen digitalen Dienstmägde.« Qiio Magazin, 02.10.1018.

99 Statista, »Digital Assistants – Always at Your Service«.

100 George Anders, »›Alexa, Understand Me‹«, in: *MIT Technology Review*, 09.08.2017.

101 Steve Jobs – iPhone Introduction in 2007. YouTube.

102 Zitiert nach: George Anders, »›Alexa, Understand Me‹«.

103 »Optimizing For Voice Search Is More Important Than Ever«, in: *Forbes*, 27.11.2017.

104 Kate Crawford, Vladan Joler, »Anatomy of an AI System«. 2018, https://anatomyof.ai/

105 William Haack, Madeleine Severance, Michael Wallace, Jeremy Wohlwend, »Security Analysis of the Amazon Echo«,in: *MIT Technology Review*, 18.05.2017.

106 Marvin Strathmann, »›Alexa, spionierst du mich aus?‹«, in: *Süddeutsche Zeitung*, 28.01.2018.

107 Ananya Bhattacharya, »Amazon's Alexa heard her name and tried to order up a ton of dollhouses«, Quartz.com, 07.01.2017.

108 United States Patent US 10,096,319 B1. 09.10.2018.

109 Fiducia & GAD IT AG. »Edward Snowden spricht auf der JBFOne 2017.« YouTube, 23.11.2017.

110 Ebenda.

111 Martin Holland, »Ermittlungen zu mutmaßlichem Mord: Amazon händigt Alexa-Aufnahmen aus«, Heise.de, 07.03.2017.

112 Jailbreak, englisch »Gefängnisausbruch«. Nicht-autorisierte De-

aktivierung von Nutzungsbeschränkungen des Herstellers bei mobilen Endgeräten.

113 Felix Stalder, *Algorithmen, die wir brauchen. Überlegungen zu neuen technopolitischen Bedingungen der Kooperation und des Kollektiven*. Hrsg. von der Rosa-Luxemburg-Stiftung, Standpunkte 1/2017. re:publica 2017 - Felix Stalder: Die Algorithmen, die wir brauchen, YouTube.

114 Nick Srnicek, Ursel Schäfer, *Plattform-Kapitalismus*. Hamburger Edition, HIS, Hamburg 2018.

115 Andrew Tonner, »How Amazon.com Inc. Makes Most of Its Money.« Fool.com, 09.04.2017. Becky Peterson, »Amazon Web Services is now a $17.5 billion business.« Business Insider, 1.2.2018. Statista, Annual net revenue of Amazon from 2006 to 2017, by segment (in billion U.S. dollars). Jordan Novet, »Amazon cloud revenue jumps 45 percent in fourth quarter. « CNBC, 01.02.2018.

116 Steven Levy, »Inside Amazon's Artificial Intelligence Flywheel«, in: *Wired*, 02.01.2018.

117 Rayna Hollander, »Google Assistant has a distinct advantage in language support«. In: *Business Insider*, 27.11.2017.

118 Jessi Hempel, »How Baidu will win China's AI race – and maybe, the world's«, in: *Wired*, 08.09.2017.

119 »Ordering Ubers with an Amazon Echo«, in: *The Verge*, 05.02.2016.

120 Mark Sullivan, »The Real Reasons That Amazon's Alexa May Become The Go-To AI For The Home«, 31.01.2018.

121 Ade Metz, »Google is sharing its powerful AI with everyone in its cloud.« *Wired*, 23.03.2017.

122 Olivia Krauth, »Digital assistants dominating consumer tech: Here's what it means for business«. *TechRepublic*, 05.01.2018.

123 »Gartner Says AI Technologies Will Be in Almost Every New Software Product by 2020«, 18.07.2017.

124 Patrick Oppmann, »In digital world, we trade privacy for convenience«. CNN, 14.04.2010.

125 Zitiert nach: Verena Dauerer, »Alexa, Alice und Co. – Die neuen digitalen Dienstmägde«, in: Qiio Magazin, 02.10.1018.

126 Çapulcu, DISRUPT! Widerstand gegen den technologischen Angriff. Unrast, Münster 2017.

127 Paul Mozur, »Beijing wants A.I. to Be Made in China by 2030«, in: *New York Times*, 20.07.2017.

128 Julia Löhr, »Stillstand in der Künstlichen Intelligenz«. *Frankfurter Allgemeine Zeitung,* 30.09.2018.

129 »China Average Yearly Wages 1952-2018«. Trading Economics, 2018.

130 Will Knight, »China Is Building a Robot Army«, in: *MIT Technology Review*, 26.04.2017.

131 Scott Kennedy, »Made in China 2025«, Interview, in: *Center for Strategic and International Studies*, 01.06.2015.

132 Ebenda.

133 Yu Hong, *Networking China: the digital transformation of the Chinese economy*. Urbana: University of Illinois Press, 2017.

134 Philipp Staab, Florian Butollo, *Digitaler Kapitalismus – wie China das Silicon Valley herausfordert*. Friedrich-Ebert-Stiftung, Abteilung Wirtschafts- und Sozialpolitik, Bonn 2018.

135 »Im Gespräch: Ian Bremmer, Politikanalyst und Gründer der Eurasia Group. Gewinnt China den technologischen Kalten Krieg?« In: *Frankfurter Allgemeine Zeitung*, 06.01.2018.

136 Thomas L. Friedman, »Trump to China: ›I Own You.‹ Guess Again.« In: *The New York Times*, 25.09.2018.

137 Will Knight, »China's AI Awakening. The West shouldn't fear China's artificial-intelligence revolution. It should copy it«, in: *MIT*, 10.10.2017.

138 Hendrik Ankenbrand, »Wo künstliche Intelligenz zur Religion wird«, in: *Frankfurter Allgemeine Zeitung*, 10.10.1017.

139 Jessi Hempel, »How Baidu Will Win China's AI Race – And, Maybe, The World's«.

140 Jim Erickson, »Online Shopping In China To Double By 2020«, in: *Goldman Report*, 02.03.2017.

141 Tan Xinyu, CES 2018: Chinese companies step into spotlight, China Daily, 15.01.2018.

142 Changhong, »China Phenomenon: Chinese manufacturers turn heads at CES 2018«, in: *Prnewswire*, 10.01.2018.

143 China State Council, Planning Outline for the construction of a social credit system, 14.06.2014.

144 Hendrik Ankenbrand, »Wo künstliche Intelligenz zur Religion wird«. A.a.O.

145 Sarah O'Meara, »New App Rates Shanghai Citizens' Honesty. Pilot ideas for nationwide social credit system are rolled out in China's biggest city«, in: *Sixth Tone*, 14.11.2016. Rob Schmitz, »What's Your 'Public Credit Score'? The Shanghai Government Can Tell You«, in: *NPR News*, 03.01.2017.

146 Gordana Mijuk, Victor Merten, Kaiser Kuo: »Die USA und China sind beide extrem arrogante Länder.« In: *Neue Zürcher Zeitung*, 10.11.2018.

147 Samantha Hoffman, »Portents of Change in China's Social Management«, in: *China Brief* Vol. 12, issue: 15, 03.08.2012: S. 5-8.

148 Paul Mozur, »Inside China's Dystopian Dreams: A.I., Shame and Lots of Cameras«. In: *The New York Times*, 08.07.2018.

149 Samantha Hoffman, »Managing the State: Social Credit, Surveillance and the CCP's Plan for China«, in: *China Brief* Volume: 17 Issue: 11, 17.08.2017.

150 »China's facial recognition start-ups gain edge over rivals«, in: *Financial Times*, 24.1.2018.

151 »Chinese police spot suspects with surveillance sunglasses«, in: *BBC News*, 07.02.2018.

152 www.yitutech.com

153 David Graeber, Hans Freundl, Henning Dedekind, *Bürokratie: Die Utopie der Regeln*. Goldmann, München 2017.

154 Karl Marx, *Das Kapital*, MEW Bd. 23, S. 247.

155 John Stuart Mill, *Principles of Political Economy with Some of Their Applications to Social Philosophy*. London 1848.

156 Karl Marx, *Das Kapital*, MEW Bd. 23, S. 391.

157 Ebenda, S. 597.

158 Josh Constine, »Taste test: Burger robot startup Creator opens first restaurant.« Techcrunch, 21.07.2018.

159 Sara Salinas, Amazon raises minimum wage to $15 for all US employees. CNBC, 02.10.2018.

160 Will Knight, »A Robot with Its Head in the Cloud Tackles Warehouse Picking.« In: *MIT Technology Review*, 05.04.2017.

161 Nick Srnicek, Alex Williams, *Inventing the Future. Postcapitalism and a World without Work*. Verso, London 2015, S. 122.

162 Paul R. Dauherty, H. James Wilson, *Human + Machine: Reimaging Work in the Age of AI*, Ingram Publisher Services 2018, S. 14.

163 Ebd., S. 156.

164 Isaac Asimov, *I. Robot*, Bantam Books, New York 2004.

165 Frank Volk, »Video: Kollege Roboter im BMW-Werk Spartanburg. « Automobil-Produktion, 23.06.2016.

166 Noam Scheiber, »High-Skilled White-Collar Work? Machines Can Do That, Too.« In: *The New York Times*, 07.07.2018. Javier DeCendra, »Ya se puede automatizar la mitad de las tareas de un abogado.« In: *El País*, 04.01.2018. Will Knight, »Is Technology About to Decimate White-Collar Work?« In: *MIT Technology Review*, 06.11.2017.

167 Stephen Hawking, »This is the most dangerous time for our planet.« In: *The Guardian*, 01.12.2016.

168 Kevin Drum, »You will lose your job to a robot«, in: *Motherjones*, November/Dezember 2017, https://www.motherjones.com/politics/2017/10/you-will-lose-your-job-to-a-robot-and-sooner-than-you-think/

169 Paul R. Daugherty et al., *Human + Machine. Künstliche Intelligenz und die Zukunft der Arbeit*. dtv Verlagsgesellschaft, München 2018, S. 129.

170 Louis Hyman, »It's Not Technology That's Disrupting Our Jobs«, in: *The New York Times*, 18.06.2018.

171 Vgl. Timo Daum, *Das Kapital sind wir,* Edition Nautilus, Hamburg 2017.

172 Vgl: Luc Boltanski, Ève Chiapello, *Der neue Geist des Kapitalismus*. UVK-Verl.-Ges., Konstanz 2006.

173 Leonie Seifert, »Der typische Facharbeiter hat ein Problem«. Interview mit Jens Südekum. In: *ZEIT ONLINE*, 19.09.2017.

174 Moishe Postone, »Wir müssen die historische Dynamik des Kapitals ernst nehmen. Ein Gespräch mit Moishe Postone. Das Gespräch wurde vorbereitet und geführt von: Anna Kern, Philipp Metzger, Robin Mohan, Jan Schlemermeyer, Marcin Wierzchowski. Mai 2011.

175 »KI-Experte Chris Boos: ›Rationales Denken ist derzeit nicht hip‹«, in: *Handelsblatt*, 16.08.2018.

176 Norbert Wiener, *Mensch und Menschmaschine*. Alfred Metzner Verlag, Frankfurt a. M. / Berlin 1952, S. 39.

177 Karl Marx, *Ökonomisch-philosophische Manuskripte*, MEW Bd. 40 (Ergänzungsband 1), S. 473.

178 »Was würde Marx wohl dazu sagen?«, Bundespräsident Frank-Walter Steinmeier beim Podiumsgespräch »200 Jahre Karl Marx – Geschichte und Aktualität« 03.05.2018.

179 Meera Zaremba, »Wider den Arbeitsfetisch«, in: *die tageszeitung*, 17.04.2018.

180 Bill Loomis, »1900-1930: The years of driving dangerously«, in: *The Detroit News*, 26.04.2015.

181 Lorena Jaume-Palasí, »Por qué no hay que tener miedo de la inteligencia artificial«, *El País*, 18.03.2018.

182 Vgl. zur gesamten Thematik: Timo Daum, *Das Auto im digitalen Kapitalismus. Dieselskandal, Elektroantrieb, autonomes Fahren und die Zukunft der Mobilität*. Rosa Luxemburg Stiftung, 2018.

183 Britta Weddeling, Markus Fasse, »Germany's Auto Giants Versus U.S. Tech Titans.« Global.handelsblatt.com, 28.10.2016.

184 Tom Randall, »Waymo to Start First Driverless Car Service Next Month«, Bloomberg, 13.11.2018. Andrew J. Hawkins, »Riding in Waymo One, the Google Spinoff's First Self-Driving Taxi Service«. The Verge, 05.12.2018.

185 http://moralmachine.mit.edu/

186 Alex Bolano, »›Moral Machine Experiment‹: Large-Scale Study Reveals Regional Differences In Ethical Preferences For Self-Driving Cars«. Sciencetrends.com, 25.10.2018.

187 Iyad Rahwan, »What Moral Decisions Should Driverless Cars Make?« TEDxCambridge, September 2016.

188 Cohen Coberly, »Waymo self-driving vehicle involved in non-fatal crash, company blames safety driver.« Techspot, 06.11.2018.

189 Ethik-Kommission autonomes Fahren, Automatisiertes und vernetztes Fahren, Bericht. Juni 2017.

190 Miguel Ángel Criado, »¿A quién mataría (como mal menor) un coche autónomo?« *El País*, 25.10.2018.

191 Ebenda.

192 Tanja Tricarico, »Fahren ohne Fahrer jetzt erlaubt«, in: *Hamburger Abendblatt*, 31.03.2017.

193 Verband Deutscher Verkehrsunternehmen e. V., *Zukunftsszenarien autonomer Fahrzeuge. Chancen und Risiken für Verkehrsunternehmen*. Positionspapier, November 2015.

194 Julian Rümelin, Nathalie Weidenfeld, *Digitaler Humanismus. Eine Ethik für das Zeitalter der Künstlichen Intelligenz*. Piper, München 2018.

195 Gemeint ist hier der sich verwertende Wert, vgl. MEW 23 S. 168f.

196 Morten Freidel, »Eine Plattform für alles«. In: *Frankfurter Allgemeine Zeitung*, 23.12.2014.

197 Kai-Fu Lee, *AI superpowers: China, Silicon Valley, and the new world order*. Houghton Mifflin Harcourt, Boston 2018, S. 12.

198 »Artificial Intelligence is the New Electricity – Andrew Ng«, in: Medium.com, 28.04.2017.

199 Ernst Bloch, *Erbschaft dieser Zeit*. Vorwort 1935. Werkausgabe, Suhrkamp, Frankfurt am Main 1985, S. 17.

200 Karl Marx, *Grundrisse. MEW*, Bd. 42, S. 590-605.

201 James Vincent, »This beautiful map shows everything that powers an Amazon Echo, from data mines to lakes of lithium.« Interview mit Kate Crawford, 09.09.2018. *The Verge*.

202 Jo Seong-jin, »›Think Wise, Be Free: Living Freer with AI‹«, IFA Keynote, 31.08.2018.

203 Tessa Morris-Suzuki, »Capitalism in the Computer Age«, in: Jim Davis, Thomas A. Hirschl, Michael Stack, *Cutting Edge. Technology Information Capitalism and Social Revolution*. Verso, London 1997, S. 64.

204 Ebenda, S. 58.

205 Elon Musk @elonmusk »Some exciting news this week: Tesla Version 7 software with Autopilot goes to wide release on Thursday!«. 10.10.2015, Tweet.

206 Will Knight, »Machines Can Now Recognize Something After Seeing It Once«, in: *MIT Technology Review*, 03.11.2016.

207 Will Knight, »An AI-driven robot hand spent a hundred years teaching itself to rotate a cube«. *MIT Technology Review*, 30.07.2018.

208 David Silver, et.al, »Mastering the game of Go without human knowledge«, in: *Nature volume* 550, S. 354–359, 19.10.2017.

209 Stefan Schmitt, »Mehr als ein Spiel«, in: *DIE ZEIT*, 18.10.2017.

210 »Google's hippocampus«, in: *The Economist*, 15.12.2016.

211 »This is how Netflix's top-secret recommendation system works«. *Wired UK,* 22.08.2017.

212 »How Netflix Uses Analytics To Select Movies, Create Content, & Make Multimillion Dollar Decisions«. Neilpatel.com, 18.7.2018.

213 Ian MacKenzie, Chris Meyer, Steve Noble, *How retailers can keep up with consumers*. McKinsey Studie, Oktober 2013.

214 US Patent Nummer 8.615473 B2.

215 Zeynep Tufekci, »YouTube, the Great Radicalizer«, in: *New York Times*, 10.03.2018.

216 Paul R. Daugherty et al., *Human + Machine. Künstliche Intelligenz und die Zukunft der Arbeit*. S. 18.

217 Ajay Agrawal, Joshua Gans, Avi Goldfarb, *Prediction Machines. The Simple Economics of Artificial Intelligence*. Harvard Business Review Press, Boston, Massachusetts 2018.

218 Ebd., S. 2.

219 Gordon E. Moore, »Cramming more components onto integrated circuits«, in: *Electronics Magazine*, 38, Number 8, 19.04. 1965.

220 Ajay Agrawal, Joshua Gans, Avi Goldfarb, *Prediction Machines*. S. 69.

221 Will Knight, »China's AI Awakening. The West shouldn't fear

China's artificial-intelligence revolution. It should copy it«, in: *MIT*, 10.10.2017.

222 Ebd.

223 Shoshana Zuboff, Bernhard Schmid, *Das Zeitalter des Überwachungskapitalismus.* Campus Verlag, Frankfurt , New York 2018, S. 22.

224 Geert Lovink, *Im Bann der Plattformen: Die nächste Runde der Netzkritik.* Transcript, Bielefeld 2017. S. 14.

225 Siraj Hashmi, »The greatest threat to our existence is not North Korea, it's the Boston Dynamics robotics company«. In: *Washington Examiner*, 12.02.2018.

226 Rosa Jiménez Cano, »Google quiere universalizar la inteligencia artificial«, in: *El Pais*, 08.05.2017.

227 Kathleen Elkins, »Bill Gates: A.I. will make our lives ›more productive and creative‹«. CNBC, 27.09.2017.

228 Patrick van der Smagt, »Denkende Maschinen sind etwas für Kinofilme«, Interview. In: *Next Mobility News*, 18.12.2017.

229 Stefan Betschon, »Social Media. Die dunkle Macht der Algorithmen«, in: *Neue Züricher Zeitung*, 24.11.2016.

230 Pat Langley, »The Cognitive Systems Paradigm«. In: *Advances in Cognitive Systems* 1 (2012), S. 3-13.

231 Shoshana Zuboff, »Wie wir Googles Sklaven wurden«, in: *Frankfurter Allgemeine Zeitung*, 05.03.2016.

232 Viktor Mayer-Schönberger, Thomas Ramge, *Das Digital. Markt, Wertschöpfung und Gerechtigkeit im Datenkapitalismus*. Econ, Berlin 2017.

233 »Ich bin derzeit etwas pessimistisch« Nick Srnicek im Gespräch, in: *OXI, Wirtschaft anders denken*, Ausgabe Oktober 2018, S. 6.

234 Berliner Gazette, *Big Data in Our Hands*, 20.05.2018.

235 Francesca Bria, Barcelona Digital City 2017-2020. The People's Roadmap towards technological sovereignty, November 2016.

236 Carlos del Castillo, »Interview mit Éric Sadin«. Eldiario.es, 06.10.2018.

237 Philipp Slusallek, »Artificial Intelligence and Digital Reality: Do we need a CERN for AI?« OECD Forum, 08.01.2018.

238 Shona Ghosh, »The father of the web has persuaded Google and Facebook to sign up to his code of ethics because they're doing so much damage to his creation«, in: *Business Insider*, 10.11.2018.

239 Ippolita, In the Facebook Aquarium: The Resistible Rise of Anarcho-Capitalism Institute for Network Culture No. 15.

Auswahlbibliografie

Agrawal, Ajay, Joshua Gans, Avi Goldfarb. *Prediction Machines. The Simple Economics of Artificial Intelligence*. Harvard Business Review Press, Boston, Massachusetts 2018.

Alpaydin, Ethem. *Machine learning. the new AI.* MIT Press, Cambridge, MA 2016.

Bischoff, Joachim et al., *Vom Kapital lernen. Die Aktualität von Marx' Kritik der politischen Ökonomie*. VSA, Hamburg 2017.

Broussard, Meredith. *Artificial unintelligence : how computers misunderstand the world.* The MIT Press, Cambridge, Massachusetts 2018.

Daugherty, Paul R., et al. *Human + Machine. Künstliche Intelligenz und die Zukunft der Arbeit*. Dtv Verlagsgesellschaft, München 2018.

DISRUPT! Widerstand gegen den technologischen Angriff. Unrast, Münster 2017.

Drösser, Christoph. *Total berechenbar? Wenn Algorithmen für uns entscheiden*. Carl Hanser, München 2016.

Heintz, Bettina, *Die Herrschaft der Regel*. Campus, Frankfurt am Main 1993.

Hong, Yu. *Networking China: the digital transformation of the Chinese economy.* University of Illinois Press, Urbana 2017.

Houben, Daniel, Bianca Prietl. *Datengesellschaft : Einsichten in die Datafizierung des Sozialen*. transcript, Bielefeld 2018.

Hyman, Louis. *Temp: how American work, American business, and the American dream became temporary*. Viking, New York, New York 2018.

Kaplan, Jerry, Guido Lenz. *Künstliche Intelligenz*. mitp Verlags GmbH & Co. KG, Frechen 2017.

Kasparov, Garri. *Deep Thinking: where machine intelligence ends and human creativity begins*. John Murray Publishers, London 2018.

Krashen, Stephen D. *Explorations in language acquisition and use*, Heinemann, Portsmouth, NH 2003.

Kroll, Andreas. *Computational Intelligence: eine Einführung in Probleme, Methoden und technische Anwendungen*. Oldenbourg Verlag, München 2013.

Lee, Kai-Fu, *AI superpowers: China, Silicon Valley, and the new world order*. Houghton Mifflin Harcourt, Boston 2018.

Levesque, Hector J. *Common sense, the Turing test, and the quest for real AI.* MIT Presse, Cambridge, MA 2017.

Lovink, Geert. *Im Bann der Plattformen. Die nächste Runde der Netzkritik.* transcript, Bielefeld 2017.

Marx, Karl. *Das Kapital : Kritik der politischen Ökonomie*. MEW Bd. 23. Dietz, Berlin 1973.

Mau, Steffen. *Das metrische Wir: über die Quantifizierung des Sozialen*. Suhrkamp, Berlin 2017.

Metzinger, Thomas. *Der Ego-Tunnel: Eine neue Philosophie des Selbst.* Berlin-Verlag, Berlin 2009.

Neil, Cathy, Karsten Petersen. *Angriff der Algorithmen. Wie sie Wahlen manipulieren, Berufschancen zerstören und unsere Gesundheit gefährden.* Carl Hanser, München 2017.

Norton, Peter D. *Fighting traffic: the dawn of the motor age in the American city*. MIT Press, Cambridge, MA 2008.

Pasquale, Frank. *The Black Box Society. The Secret Algorithms That Control Money and Finance.* Harvard University Press, Cambridge 2015.

Rümelin, Julian, Nathalie Weidenfeld. *Digitaler Humanismus. Eine Ethik für das Zeitalter der Künstlichen Intelligenz*. Piper, München 2018.

Schönberger, Viktor, Thomas Ramge. *Das Digital: Markt, Wertschöpfung und Gerechtigkeit im Datenkapitalismus*. Econ, Berlin 2017.

Srnicek, Nick, Ursel Schäfer. Plattform-Kapitalismus. Hamburger Edition, HIS, Hamburg 2018.

Staab, Philipp, Florian Butollo. »Digitaler Kapitalismus – Wie China das Silicon Valley herausfordert.« FES (Hrsg.), WiSo Direkt, 3 2018.

Stalder, Felix. *Kultur der Digitalität*. Suhrkamp, Berlin 2016.

Streeck, Wolfgang, *Gekaufte Zeit: Die vertagte Krise des demokratischen Kapitalismus.* Frankfurter Adorno-Vorlesungen 2012. Suhrkamp, Berlin, 2015.

Turing, Alan M. »Computing machinery and intelligence.« *Mind*, 59, (1950). S. 433-460.

Turing, Alan M., Rechenmaschinen und Intelligenz, in: *Ad libitum: Sammlung Zerstreuung, Volk und Welt*, Berlin 1990, Band 18, S. 111-150.

Weizenbaum, Joseph, Über Computer, Prognosen und Sprache, in: *Ad Libitum: Sammlung Zerstreuung, Volk Und Welt*. Berlin 1990.

Weizenbaum, Joseph. *Die Macht der Computer und die Ohnmacht der Vernunft.* Suhrkamp, Frankfurt am Main 1977.

Wiener, Norbert, *Mensch und Menschmaschine*. Alfred Metzner Verlag, Frankfurt a.M. / Berlin 1952.

Zuboff, Shoshana, Bernhard Schmid. *Das Zeitalter des Überwachungskapitalismus.* Campus Verlag, Frankfurt / New York 2018.

Danksagung

Aus dem dritten Teil der Textsammlung »Understanding Digital Capitalism« beim Online-Magazin *Das Filter,* die Ende 2017 gestartet war, ist dieser Band entstanden, der gut und gerne als Band 2 von »Das Kapital sind wir« gelten kann.

Mein Dank gilt insbesondere Verena Dauerer, Friedrich Geiger, Sevrina Giard, Verena Götze, Dirk Platzek, Eva Lia Reinegger und Patrick Stary. Und ganz besonders Oliver Hörl fürs Extra-Lektorat.